엄마와 딸의 유럽 자동차 여행

나의 시간 엄마의 시간
우리의 시간이 만나는 '지금'

엄마와 딸의 유럽 자동차 여행

나의 시간 엄마의 시간
우리의 시간이 만나는 '지금'

1판 1쇄 2018년 10월 15일

지은이 정가영

펴낸이 모계영
펴낸곳 가치창조
출판등록 제406-2012-000041호
주소 서울특별시 영등포구 영신로220, 1101호(영등포동8가, KnK디지털타워)
전화 070-7733-3227 **팩스** 02-303-2375
이메일 shwimbook@hanmail.net
ISBN 978-89-6301-162-2 (03920)
인쇄 송현문화

가치창조 공식 블로그 http://blog.naver.com/gachi2012

엄마와 딸의 유럽 자동차 여행

나의 시간 엄마의 시간
우리의 시간이 만나는 '지금'

정가영 글 · 사진

가치창조

엄마가 엄마와 이별했다.

길 잃은 아이 같은 엄마의 눈을 보며 그녀가 겪고 있을 허전함을 달래주고 싶었다. 그리고 말해주고 싶었다. 엄마가 떠난 빈자리에 딸이 있다고. 마음껏 내게 기대도 된다고. 가늠하기조차 어려운 그 허전함, 내가 전부 다 채워줄 수는 없겠지만 엄마와 함께 그 슬픔을 나누겠다고. 그리고 옆에 있겠다고.

엄마가 외할머니와 이별하는 과정을 보며 알았다.
우리에게 지금 이 순간이 얼마나 소중한 순간인지를.
결코 우리의 시간을 그냥 흘려보내면 안 된다는 것을.

그래서 엄마에게 추억을 선물하고 싶었다.
그것이 내겐 엄마와 함께한 여행이었다.

prologue

우리는 지금 모두 여행 중이다.

세상에 태어나 떠날 때까지 만나고 이별하는 그 수많은 인연들은 어떻게 설명이 가능할까? 나는 그것이 나의 시간과 당신의 시간이 만났기 때문이라고 말하고 싶다.

미루고 싶지 않았다.
더 늦기 전 엄마와 함께 떠나는 여행을, 그리고 사랑한다는 말과 감사하다는 말을.

지금쯤이면 삶의 많은 부분이 결정돼 있을 줄 알았는데, 막상 도달해보니 실상은 그렇지 않았다. 여전히 정해지지 않은 미래가 많았다. 그 아득함으로 불안하고 막막할 때 엄마와의 여행이 내겐 큰 위안이자 힐링이었다.

30대가 되어 20대와 달라진 가장 큰 변화 두 가지를 꼽는다면, 첫째는 뭐든지 할 수 있을 때, 기회를 잡을 수 있을 때 (잡아) 머뭇거리지 말고 도전해봐야 한다는 용기가 뒤늦게 생겼다는 점. 둘째는 말하지 않아도 상대에게 전달될 거라 믿을수록, 더더욱 말로 표현할 수 있을 때, 더 많이 더 솔직하게 표현해야겠다는 다짐이 섰다는 점이다. 그래서 나는 이 일탈을 통해 그동안 엄마와 함께했기에 더없이 값졌던 여행 이야기를 풀어놓기로 했다.

엄마는 여행을 하면 인생을 좀 더 길게 사는 것 같다고 말하곤 한다. 딸과 둘만의 여행이 로망이었던 엄마와 처음 여행을 떠났던 때가 2007년 이맘때쯤이었으니, 올해로 벌써 10년이 되었다. 그때 나는 스무 살이란 나이에 운전면허를 갓 딴 무렵이라 여행 계획부터 렌터카 대여와 운전 등 모두가 다 엄마의 일이었다. 그러나 10년이 흐른 지금은 그 모든 것이 전부 다 내 몫이 되어버렸다. 가장 오래된 친구이자 인생의 버팀목인 엄마. 그런 엄마와 난 여전히 서로 손을 잡고 길을 걷지만 10년이란 시간은 그렇게 엄마와 딸의 역할을 뒤바꿔놓았다. 엄마와 둘만의 여행길에 올라 모녀간에 너무나 소중한 추억을 남길 수 있었던 건 어찌 보면 내가 아직 오롯한 엄마의 딸이기 때문에 가능한 가장 큰 행운이 아닐까 한다.

직접 운전하며 여행한다는 건 불안과 두려움을 동반하는 일이지만 자발적 여유를 가질 수 있다는 엄청난 장점이 있다. 순간순간마다 찾아가고 싶은 곳으로 행선지를 바꿀 수 있다는, 시간으로부터의 자유로움. 잔스케줄에 얽매이지 않고 내가 들르고 싶은 곳에 들러 머무르고 싶은 만큼 머물렀다 가도 된다는 마음의 여유.

엄마는 대도시 여행보다 소도시 여행을 더 좋아한다. 나이가 더 들면 가기 어려울 것 같은 곳에 가보고 싶다는 말이 요즘 부쩍 늘었다. 영원할 줄 알았던 엄마의 체력이 해마다 달라지는 걸 느낄 때 불쑥불쑥 시간의 무서움이 끼어든다. 하지만 엄마는 '그러니까 같이 다닐 수 있을 때, 우리가 함께할 수 있을 때 최대한 많이 다니자'며 '결국 남는 건 여행밖에 없다'고 말한다.

때로는 사이좋게, 때로는 티격태격. 원래 모녀 사이가 그렇듯 여행 중이라 해도 별반 다를 건 없다. 나는 운전대를 잡고, 동생은 옆자리에 앉아 지도를 봐주고, 엄마는 뒷자리에 타서 편하게 쉬어 가라는 말을 들으면 이젠 뒷방 늙은이 신세 다 됐다며 툴툴대다가도 이내 딸들과 여행 와 얼마나 좋은지 모른다며 엄마 특유의 아이 같은 웃음을 짓는다. 마냥 행복해하는 엄마를 보면서 나도 덩달아 행복해지는 걸 느낄 때마다 바로 지금 이 순간이야말로 50대의 마지막을 지나고 있는 엄마와 30대에 접어든 딸이 모든 걸 온전히 공유할 수 있는 교차점이 아닐까 하는 생각이 든다.

예전엔 여행 하면 쉬기 위함이라고 생각했다. 하지만 겁이 많은 나와 달리 늘 새로운 곳을 향한 호기심으로 직접 보고 듣고 느끼며 공부하고 싶어 하는 엄마와 다니다 보니 여행이란 새로운 경험, 그 이상임을 배우게 되었다.

내게 이제 여행은 경험이자 깨우침, 성장이다. 익숙하고 편한 곳을 떠나봐야 비로소 알게 되는 것들. 엄마는 더 깊은 지식과 지혜를 배울 수 있는 과정이 여행이라고 말한다. 그렇기에 한 살이라도 더 젊을 때 여행을 다녀야 한다고. 그런 의미에서 이 책 역시 여행 그 자체에 머무르지 않고 여행지에서 얻은 깨달음을 담고 싶었다. 늘 당연하게 여겼을 때에는 미처 알지 못했던 것들을, 함께 나눌 수 있는 고민과 공감을, 그리고 평범한 엄마와 딸의 모습을 통해 부모와 자식, 가족이란 특별한 인연에 대해 후회하며 돌아보는 게 아니라 우리가 한 번쯤 아직 늦지 않은 '지금' 떠올릴 수 있는 따뜻함을 말이다.

엄마가 떠난 자리에 엄마 딸이 있다고, 마음껏 내게 의지하고 기대도 된다고 엄마에게 얘기하고 싶었다. 이 작은 마음을 기록으로 남기고파 출발한 일이 이렇게 커져버렸다. 한 글자, 한 글자 진심을 담아 쓴 이야기가 책으로 나온다는 사실에 그저 감사할 따름이다.

행여 엄마와의 추억만 소중하게 생각하는 것 아니냐고 겉과 다르게 속으로는 서운할 수 있는, 안 그래도 딸만 둘이라 가끔씩 서럽고 외로울 가장 아빠에게도 이 자리를 빌려 말하고 싶다. 여기 담기는 모든 마음에는 아빠도 함께 있었다고. 내게 글을 좋아하고 쓸 줄 아는 재능과 감성을 물려줘서 정말 감사하다고. 아빠를 언제나 존경하며 사랑한다고 전하고 싶다.

이 책을 쓰는 동안 정말이지 행복했다. 이 글을 통해 과연 내가 얻은 '비움'과 '채움'의 황홀함이 고스란히 잘 전달될 수 있을지 모르겠지만, 감동이 걷히기 전에 내게 글을 쓸 수 있도록 영감을 준 몇몇 도시에 대한 이야기를 독자들과 공유해보려 한다. 잠시 그 자리에 서서 천천히 자신을 돌아볼 수 있는 쉼터, 그리고 다시 앞으로 나아가기 전 자신을 보듬을 수 있는 따뜻한 여행 이야기가 되기를 바라면서. 누군가에겐 사랑을, 누군가에겐 그리움을, 그리고 누군가에겐 용기를 주는 여행 이야기가 될 수 있기를 바란다.

정가영

contents

그리스

part 1
떠날 수 있는 용기
Greece

"엄마 우리 딸이랑 둘이 여행 한번 가보고 싶은데……."

꽤 오래전에 다녀온 그리스였지만 엄마와의 여행 이야기를 쓰려면 그리스를 빼놓고는 시작할 수가 없을 것 같다. 엄마는 그리스에 꼭 한 번 가보고 싶다고 했다. 그때만 해도 엄마와 둘이 해외여행을 떠난다는 건 굉장한 용기가 필요한 일이었다. 아무리 오랜 유학생활을 했다 하더라도 생전 처음 의지할 곳 하나 없이 시작부터 끝까지 내가 다 책임을 지고 낯선 곳에 간다는 것은 또 다른 이야기였으니까.

여행지가 다른 곳이 아닌 왜 하필 그리스였을까.

푸른 바다 위 하얀 집들이 모여 있는 신들의 도시 그리스. 서양 문명, 아니 우리가 아는 모든 문명의 발상지라 해도 과언이 아닌 곳. 언어, 과학, 건축, 예술, 의학, 문학 등 오늘날 우리가 당연하게 받아들이는 많은 것들이 실은 그리스에서 시작되었다. 지금도 여전히 많은 사람들의 환상과 경이로움을 자아내는 나라인데 해외여행이 자유롭지 않았던 시대에 젊은 시절을 보낸 우리 엄마에게도 그리스는 왜 가보고 싶은 곳이 아니었겠는가? 딸과 단둘이 모든 문명의 발상지인 그리스에 가보고 싶다는 엄마가 나는 용감하고 멋지게 보였다.

우리가 살면서 늘 간직하고 있을 신비한 수수께끼 같은 질문이 '존재'와 '인연'에 대한 것이 아닐까. 어느 책에선가 읽은 표현인데 그리스 신화의 본산지를 찾아가 본다는 것은 인간의 존재에 대한 유산을 찾아 시간을 거슬러 오르는 것일지도 모른다고 했다. 그런 대단한 의미가 있는 곳에 존재와 인연이라는 단어와 가장 잘 어울리는 사람,

엄마와 처음으로 단둘만의 여행을 한다는 것 자체가 내겐 퍽 가슴 설레는 일이었다.

2007년 5월, 엄마와 난 용기를 내보기로 했다.

남유럽 발칸반도 남쪽 끝에 있는 나라. 지중해에 떠 있는 1,400여 개의 섬, 그리고 그보다 더 많은 신화를 간직한 나라. 크레타, 로도스, 미코노스, 산토리니 등 각기 다른 매력을 지닌 섬들로 이루어진 나라가 바로 신들의 고향 그리스다. 그리스의 작가 니코스 카잔차키스는 "죽기 전에 에게해를 여행할 행운을 누리는 사람은 복이 있다."라고 말했다.

그리스 여행이 바로 우리에겐 행운이었고, 복이었다.

그리스 최대의 섬, 유럽에서 가장 오래된
미노스 문명의 중심지

크레타 Crete

크레타는 그리스에서 가장 큰 섬이자 지중해에서 다섯 번째로 큰 섬이다. 북쪽으로는 크레타해, 남쪽으로는 리비아해와 접하고 있다. 음악이나 특유의 방언 등 독특한 지역 문화가 살아 있는 크레타섬은 그리스가 낳은 최고의 작가 니코스 카잔차키스의 고향이기도 하다.

난 크레타가 참 좋았다. 첫 번째 이유는 사람 때문이다.

낯선 도시일수록 그곳에서 만난 사람으로 그 도시의 인상이 기억에 남는다. 다른 어떤 곳에서 만난 사람들보다 크레타섬에서 만난 사람들이 유독 밝고 행복해 보였다. 그리고 친절했다. 지나가는 해변 길가에서 간이식 오픈 카페(Mediterranean Café Snack Bar)를 운영하는 주인 할머니는 엄마와 단둘이 여행 온 우리 모녀가 퍽이나 예뻐 보였나 보다. 함박웃음을 띤 채 다가와 우리 어깨를 토닥이며 많이 먹으라고, 많이 먹어야지 힘내서 열심히 여행할 수 있다며 두 주먹을 불끈 쥐고 팔을 들어 보였다. 동양인 여자 둘이 크레타섬까지 찾아왔다는 게 신기하기도 하고 반갑기도 했던 모양이다.

창문도 따로 없이 지은 통나무 카페에서 내다보니 손만 뻗으면 닿을 듯한 곳에 크레타해가 가깝게 펼쳐져 있다. 그때 속이 뻥 뚫리던 기분을 아직도 잊을 수 없다. 엄마와 마주 앉아 그리스 여행을 얘기할 때마다 카페 할머니의 환한 얼굴을 떠올리며 웃곤 한다.

크레타섬에는 크노소스 유적, 파이스토스 유적, 고르티스 유적 등 서양 고대사에서 매우 중요한 요충지로서의 역할을 했던 흔적이 곳곳에 남아 있다. 기원전 3650년경부터 1170년경까지 흥했던 크레타 문명(미노스 문명 또는 미노아 문명)은 그리스의 청동기 시대를 꽃피운 고대 문명으로 유럽에서 가장 오래된 문명이다. 크레타섬이 바로 이 미노스 문명의 중심지였다. 특히 반인반수(半人半獸) 미노타우로스 신화로 유명하다.

신화에 따르면 미노스 왕은 크레타의 통치권을 쥐기 전, 형제들과 왕권 다툼을 벌이게 된다. 그는 바다의 신 포세이돈에게 왕위에 오르도록 도와달라고 기도한다. 그 징표로 흰 황소를 보내주면 신 앞에 제물로 바치겠다고 약속한다. 이에 감동한 포세이돈은 훌륭한 흰 황소 한 마리를 보내주게 되는데 미노스 왕은 막상 너무나 멋진 흰 황소를 받고 보니 제물로 바치기엔 아깝다는 생각을 하게 된다. 그래서 그는 포세이돈이 보내준 흰 황소를 가축으로 삼고 다른 흰 황소를 제물로 바친다. 이 사실을 알고 화가 난 포세이돈은 미노스 왕의 아내 파시파에가 흰 황소를 사랑하도록 저주를 내린다. 몇 달 후 파시파에는 반인반수를 낳게 되는데 그 괴물이 바로 미노타우로스(미노스의 소라는 뜻)다. 그녀는 어린 미노타우로스를 정성껏 돌보았으나 그는 점점 사람들을 해치는 난폭한 야성을 드러내게 되고 미노스 왕은 미노타우로스를 가두기 위해 크노소스 궁전 옆에 미로 같은 궁전, 미궁을 설계하게 한다.

한편 미노스 왕의 아들 안드로게오스는 아테네에서 열리는 경기에 참가했다가 그의 우승을 시기한 아테네인들에 의해 살해당한다. 이에 미노스 왕은 당시 약소국이었던 아테네로 쳐들어가 아들을 죽인

대가로 9년마다 한 번씩 남녀 각각 7명을 공물로 바칠 것을 요구하여 그들을 미궁의 괴물 미노타우로스의 먹이로 주었다. 아테네에서 세 번째 공물을 바쳐야 할 무렵, 아테네의 왕자 테세우스가 공물을 자청하여 다른 젊은이들과 함께 크레타섬으로 건너간다. 이때 아테네의 젊은이들 가운데 유난히 눈에 띈 테세우스를 보고 미노스 왕의 두 딸은 한눈에 반하게 된다. 사랑에 눈이 먼 두 자매는 테세우스의 작전을 돕겠다고 나선다. 작전이 성공하여 테세우스는 괴물 미노타우로스를 처단하고 아테네의 젊은이들을 구해낸 후 미노스 왕의 딸 아리아드네 공주가 준 실타래를 따라 무사히 미궁을 빠져나온다.

'뭐야, 그럼 사랑에 눈먼 딸내미가 아버지를 배신했다는 거야?'

재미있는 미노타우로스 신화의 결말은 사람을 집어삼키던 반인반수의 죽음과 아테네의 영웅 테세우스의 승리로 끝나지만 나는 야수가 될 수밖에 없었을 미노타우로스의 슬픈 운명과 이 모든 상황을 지켜볼 수밖에 없었을 엄마 파시파에의 마음이 안타까웠다. 테이트 미술관에는 영국의 화가이자 조각가인 조지 프레데릭 와츠(George Frederick Watts)가 이 신화 속 미노타우로스를 상상하여 그린 작품이 전시돼 있는데 실제로 흉측한 괴물의 모습을 하고 있지만 하염없이 먼 바다만 바라보고 있는 그 뒷모습에선 먹먹함과 애처로움, 절망감마저 느껴진다.

신화에 표현된 궁전답게, 실제로 가본 크노소스 미로 궁전의 규모는 매우 크고 내부 구조는 복잡했다. 방이 무려 1,200개가 넘었다 하니 왜 미궁이라 불렸는지 알 만하다. 크노소스 궁전은 아테네의 파르테논 신전보다 훨씬 더 오래전에 지은 건축물이다. 청동기 시대엔 전

부 다 인간의 손으로 작업했을 텐데, 3800년 전 청동기 시대의 건축물이라고 하기엔 믿을 수 없을 정도로 과학적이고 세밀하다. 게다가 궁전에 남아 있는 화려하면서도 조화로운 색채와 표현기법은 들여다볼수록 그 당시 예술 수준이 어떠했는지 충분히 짐작하고도 남는다. 과거에 비해 기술과 지식이 월등히 높다고 생각되는 현대 사회와 견주어 봐도 전혀 뒤떨어지지 않는, 아니 오히려 지금보다 더 정교하며 예술미까지 더해진 고대 건축물을 보면 인류 역사의 위대함에 대해 다시 한 번 생각하게 된다. 그때나 지금이나 시간만 흘렀을 뿐, 인간의 능력과 속성은 별로 달라진 게 없다.

그리스 여행은 시간 여행이다. 이토록 오랜 세월을 견뎌온 유적을 우리가 지금 직접 마주하고 있다는 사실이 신기할 따름이다. 뒤늦게

역사 공부에 재미를 들인 엄마는 크노소스 궁전에 남아 있는 벽화를 바짝 붙어 서서 자세히 들여다본다. 어려서는 외울 게 많아 역사 공부가 싫었지만 엄마 나이쯤 되면 역사만큼 재미있는 것이 없단다. 여행을 떠나기 전 그 나라 역사책부터 꺼내 공부하는 엄마를 보면서 그 성숙한 열정에 감동할 때가 많다.

신화의 세계에서만 존재하던 크레타가 세상에 모습을 드러낸 지는 불과 100여 년밖에 안 됐다고 한다. 이 사실 하나만으로도 크레타를 여행해야 할 충분한 이유가 되지 않을까.

밤이 늦어서야 엄마와 난 호텔로 돌아왔다. 그날 밤 끓여 먹었던 누룽지는 꿀맛이었다. 그 맛을 아직도 잊을 수가 없다. 지금이야 인터넷 검색으로 현지 맛집을 찾아다니는 데 별 어려움이 없겠지만 10년 전 우리가 처음으로 자유 여행을 갔을 때만 해도 현지 맛집을 찾기란 쉽지 않았다. 한식이 그리울 것을 대비해 컵라면과 누룽지, 그리고 물을 끓일 수 있는 휴대용 포트까지 바리바리 챙겨 갔던 여행. 크레타에서의 마지막 날 밤, 엄마와 난 여행 오기 전날 눌린 누룽지에 호텔 근처 슈퍼마켓에서 산 그리스 와인을 곁들여 저녁을 대신한 것이다. 여행이 주는 긴장감에 눌려 다소 지쳤던 그때, 그 조그마한 테이블 앞에 엄마와 마주 앉아 갓 끓인 노릇노릇한 누룽지에 무말랭이 한 점 올려 먹으니 어찌나 맛있던지.

그렇게 저녁을 먹으며 엄마와 난 한참 수다를 떨었다. 뭐가 그리 아쉬웠는지 불을 끄고 침대에 누워서도 밤이 깊어가는 줄 모르고 두

런두런 얘기를 나누다 잠이 들었다.

한집에 살며 언제라도 얘기 나눌 시간들은 늘 충분히 있었다. 꼭 지금이 아니어도 대화의 문은 언제나 열려 있는 것 같았다. 가족이란 별다른 노력을 하지 않아도 언제나 늘 그 자리에 있는 사람들. 나는 그걸 너무 당연하게 여겼다. 그렇게 집에서는 하지 않았던 마음속 이야기들이 타지에 나오니 쉴 새 없이 쏟아져 나왔다.

우리는 가까운 사람에 대해 얼마나 잘 알고 있을까?

말귀도 못 알아듣던 아이에서 크고 작은 성장통을 겪으며 어른이 되어가는 인생의 모든 순간마다 늘 그림자처럼 묵묵히 그 자리에서

나를 지켜줬던 엄마. 어른이 되면 어른이 된 대로 이제 다 컸다고, 나도 더 이상 어린애가 아니라고, 인생의 중심을 사느라 바쁘다며 엄마의 얘기를 들어주지 못했다.

언젠가 내가 엄마를 이해해주고 친구가 되어주길 엄마는 기다렸을 텐데. 나는 엄마가 기다리는 줄도 몰랐다.

이렇듯 엄마와 함께한 첫 번째 여행지에서 나는 시간을 거슬러 새로운 친구를 선물로 받았다. 그것도 나를 가장 잘 알고 내가 가장 믿고 의지할 수 있는, 아주 좋은 평생 친구를 말이다.

만인의 버킷 리스트, 수많은 꿈들이 머무는 곳

산토리니 Santorini

파란색과 흰색의 드라마틱한 조화, 〈내셔널 지오그래픽〉 선정 'Best 50 Places'로 더욱 유명한 관광지 산토리니. 그래서 그런지 나 또한 유달리 기대가 높았다. 그런 탓에 솔직히 산토리니의 첫인상은 다소 실망스러웠다. 그림이나 화면으로만 봤던 산토리니의 전형적인 건물 색과 외관은 그대로였지만 가까이서 보니 내가 상상했던 투명한 느낌의 산토리니와는 사뭇 달랐다. 그러나 실망도 잠시, 산토리니 중심부에 들어가 에게해가 내려다보이는 계단식 카페에 앉아 있노라니 역시 산토리니에서만 느낄 수 있는 특유의 낭만을 부정할 수 없었다.

"엄마. 여기서 어떻게 차를 빌려, 무섭게!"

섬 중심부에는 렌터카 업체가 많았다. 산토리니는 두 시간이면 자동차로 섬 전체를 돌아볼 수 있을 만큼 작은 섬이다. 크레타는 비교적 큰 섬이라 운전하는 데 큰 무리가 없었지만 길도 좁고 사람도 많은 산토리니에서는 애초 차를 빌릴 계획이 없었다. 그때만 해도 스마트폰은 물론, 내비게이션조차 없던 시절이었다. 그런데 엄마는 막상 산토리니에 와 보니 충분히 운전할 수 있겠다는 자신감이 들었던 모양이다.

'이 낯선 섬에 와서 길도 모르는데 어떻게 위험하게 운전까지 하겠다는 건지.'

그러나 결국 내가 졌다. 한 렌터카 업체를 찾아 들어가 꼭 장난감처럼 생긴 스마트(Smart)라는 2인용 경차를 빌려 엄마와 난 하루 종일 산토리니 구석구석을 돌아다녔다. 이름처럼 붉은색 암벽에 모래알마저 붉은빛을 띤 레드 비치(Red Beach). 화산재 때문에 모래가 정말 검은색을 띤 카마리 블랙 비치(Kamari Black Beach). 지상에 이런 곳이 있었다니. 거짓말 같았다.

보면서도 신기한 산토리니의 독특한 바닷가에서 우리는 한참을 얘기하며 걸었다. 엄마는 언제 이렇게 딸을 다 키웠는지, 지금 이 그리스 모래사장을 딸과 함께 걷고 있다는 사실이 새삼 신기하다며 행복하다고 말했다.

미로처럼 복잡한, 아기자기한 금속공예품 상점들이 모여 있는 골목골목을 구경하는 것도 산토리니의 색다른 재미다. 상점마다 주인과 똑 닮은 큰 개들이 문 앞에 엎드려 있고, 아저씨들은 게슴츠레한 눈으로 상점 문밖을 지키고 앉아 있다. 그런 그리스 아저씨들이 섬뜩할 때도 있다. 그리스는 천혜의 자연환경이 몹시 아름다워 관광객의 발길이 끊이지 않는 축복받은 땅임에도 불구하고 나라 전체가 휘청거릴 정도로 경제 사정이 썩 좋지 않다. 푸른 바다 위 하얀 집, 낭만적이고 동화 마을 같은 곳. 밖에서 봤을 때와 안에서 봤을 때는 분명 다르다. 상상했던 것과 다소 거리가 있는 그리스의 현실적인 모습들이 여러 가지 생각을 들게 한다.

"옛날에 외할머니 외할아버지랑 여행 가면 이런 거 하나씩 사주셨는데……."

현지인들이 만든 공예품을 구경하며 엄마가 무심코 던진 말.

내겐 처음부터 엄마였던 엄마도 처음부터 엄마는 아니었다. 엄마도 누군가의 엄마, 누군가의 아내이기 이전에 누군가의 소중하고 귀

한 딸이었다. 그 모습을 자연스레 상상하며 마음으로 깨닫기까지 이십몇 년이란 세월이 걸렸다. 엄마는 여행을 통해 딸과 새로운 추억을 만들며 내가 미처 알지 못했던 딸로서의 또 다른 그리움을 되새기고 있었던 것이다.

세상에서 가장 아름다운 3대 석양지 중 하나로 손꼽히는 산토리니 이아(Oia) 마을에서 우리는 저녁을 먹기로 했다. 저녁 시간이라 그런지 비수기임에도 불구하고 식당 근처 바위에는 사람들이 바글바글 몰려 앉아 평생 기억에 남을 만한 노을을 기다리고 있다. 우리도 위치가 좋아 보이는 한 식당에 이름을 올려놓고는 아름다운 이아마을의 일몰을 감상하기에 최적의 장소인 굴라스 성채(Goulas Castle) 방

향으로 아무 말 없이 걸어갔다. 정말 듣던 대로 급격하게 떨어지는 석양빛에 붉게 물드는 에게해의 모습은 가히 장관이 아닐 수 없었다. 때마침 아름다운 이아 마을 앞바다에 떠가는 돛단배를 보노라니 웬일인지 어린 시절에 즐겨 봤던 디즈니 만화영화 〈피터 팬〉이 떠올랐다. 피터 팬과 웬디 가족을 태운 돛단배가 별이 수놓인 밤하늘로 날아오르던 마지막 장면. 나는 돛단배의 모습에 시선을 빼앗겨 마치 환상에 홀린 듯 한참 동안 멍하니 바라보기만 했다.

우리는 이름을 올려두었던 식당으로 다시 발길을 돌렸다. 가장 좋은 창가 자리에는 이미 어떤 아름다운 커플이 앉아 있었는데 그 모습이 그때는 어찌나 부럽던지. 그 커플을 부러운 눈빛으로 바라보는 내게 엄마가 말했다.

"너도 이다음에 꼭 사랑하는 남편이랑 같이 와. 그리고 그때 엄마랑 여기 왔었지 하고 생각해줘!"

그 당시에는 웃으며 지나쳤지만 지금은 그 말을 떠올리는 것만으로도 얼마나 가슴이 뭉클한지 모른다. 그때는 엄마도 나도 10년쯤 후면 당연히 상황이 많이 달라져 있을 거라 생각했다. 10년이란 세월이 천천히 가다가도 이리 빨리 흘러가버릴 줄 몰랐던 것이다. 그 후로도 나는 '세상에서 가장 로맨틱'이란 수식어가 붙는 곳을 매번 엄마와 함께 갔다. 나는 늘 로맨틱하다는 곳들을 엄마와 가지 않고 아껴두겠다고 버티고, 엄마는 너도 나중에 살아보면 알겠지만 남편과 함께하는 여행이 그리 로맨틱하지만은 않을 거라고 맞섰다. 우리 둘은 가네마네 실랑이를 벌이다 딸에게만 부리는 엄마의 애교 작전에 엄마도 나도 그만 깔깔깔 웃음보가 터지기 일쑤였다. 이후 결국 로맨틱하다는 여행지로, (사실 유럽은 웬만한 곳에 다 로맨틱하다는 수식어를 붙이고 싶다.) 안 로맨틱한 모녀의 여행 계획을 세우게 되는 일이 많았다.

그러나 지금은 처음 가본 곳들을 둘러보며 감격해하던 엄마의 모습을 가까이서 지켜본 그때 그 시간들이 꽤나 낭만적이었던 시간처럼 느껴진다. 앞으로도 그 시간과 추억들이 살아가면서 내게 얼마나 큰 힘이 될지 나는 너무나도 충분히 알 만한 나이가 되었다.

첫 번째 봉착했던 위기.

저녁 식사 후 호텔이 있는 시내를 향해 차를 몰고 한 시간가량 달렸을까? 길을 잘못 들었다는 걸 알아차렸다. 해는 이미 저물었고 가로등 불빛마저 잠든 캄캄한 밤. 도로가 좁은 데에서 차를 돌려야 하니 우선 주차장으로 보이는 공터로 차를 몰았다. 그런데 그곳은 제대로 된 주차장이 아니었다. 바퀴 구르는 소리와 함께 모래와 자갈이 튀는 소리가 요란하게 들려왔다. 뭔가 일이 단단히 잘못되고 있다는 불길한 예감이 들었다. 노면이 거칠고 울퉁불퉁한 데다 한 치 앞도 분간할 수 없을 만큼 어두컴컴한 순간, 덜컹! 차 앞바퀴가 무슨 큰 구덩이에 빠진 듯 덜컹 하는 진동과 함께 조그만 차에서 엄마와 난 머리가 천장에 닿을 만큼 튕겨 올랐다가 내려앉았다. 멍해졌다.

'방금 무슨 일이 일어난 거지?'

너무 놀란 나머지 엄마와 난 멍하니 서로를 보기만 했다. 순식간에 일어난 일이었다. 차에서 내려 앞쪽을 살펴보니 크게 파인 구덩이에 앞바퀴가 빠져 있었다. 아무리 액셀을 밟아도 한번 빠진 바퀴는 헛돌기만 할 뿐 도무지 앞으로 나갈 생각을 안 했다. 뒤에서 차를 밀어봐도 소용이 없었다. 그 어두운, 사람이라곤 그림자조차 보이지 않는 공터에 동양인 여자 둘이 서서 구덩이에 빠진 자동차를 바라만 보았다.

'어떻게 해야 하지?'

어차피 하루만 빌리는 거니 돈을 아끼려고 보험도 들지 않았다. 엄마와 난 어둠 속에 잠겨 별의별 생각을 다 하며 무서움에 떨었다. 2007년은 스마트폰이 보급되기 전이었던 시절이라 해외여행 시 인터넷 사용은 꿈도 꿀 수 없었다. 대도시가 아니고선 로밍 연결 또한 나라마다 그 방법이 매우 까다로웠다. 렌터카 업체에 전화를 걸었으나 밤이 너무 늦어 문을 닫았는지 전화를 받지 않았다. 여러 번 시도 끝에 겨우 어떻게 차를 인도해줬던 여자와 전화 연결이 됐다. 한참 후, 거의 자다 깬 모습으로 우락부락한 남자와 함께 나타난 여자의 얼굴에 차를 인도해줬을 때의 친절함은 온데간데없었다. 여자는 짜증스러운 얼굴로 '그러게 내가 보험을 들라고 하지 않았냐!'며 영어인지 그리스어인지 모를 말을 속사포처럼 내뱉었다. 결국 우리는 차를 그대로 둔 채 여자의 차를 얻어 타고 호텔까지 겨우 돌아왔다. 차를 타고 가는 내내 덩치가 산만 한 남자와 여자가 불안감을 조성하며 우리가 알아듣지 못하는 그리스어로 줄곧 떠들어대는 통에 우리 모녀는 글자 그대로 좌불안석에 어찌나 진땀을 뺐는지. 너무 긴장한 나머지 기억조차 또렷하지 않다.

"그러게 내가 차 빌리지 말랬잖아! 다시는 차 빌리자고 하지 마!"

방으로 들어선 나는 넋이 나간 사람처럼 침대에 걸터앉아 소리쳤다. 차를 빌릴, 그리고 그 낯선 곳을 운전하고 다닐 만큼 용감한 엄마 덕분에 종일 좋은 구경을 실컷 해놓고 무서움에서 비롯된 짜증이 나도 모르게 올라와 엄마에게 버럭 화를 낸 것이다. 사실 나도 놀랐지만 엄마는 더 놀랐을 텐데. 도리어 엄마가 미안해했다.

우선 나는 앞으로 어떤 사태가 벌어질지 차분히 생각해보자고 스스로를 달랬다. 이럴 때 가장 먼저 생각난 사람은 아빠. 위기에 처하니 그제야 가장의 소중함을 깨닫는다. 집으로 전화해야 하나? 이 사실을 알면 안 그래도 엄마와 내가 단둘이 여행 가는 걸 불안해했던 아빠는 도대체 왜 거기 가서 차까지 빌렸냐며 노발대발할 게 뻔했다. 차 한 대 값을 다 물어내라고 하면 어떻게 하지? 아니 그것보다, 이 말도 안 통하는 그리스 땅에서 법적 문제로 불거지면 어떻게 하지? 잔뜩 겁을 먹은 엄마와 난 그 동굴같이 컴컴한 호텔 방에 나란히 누워 가능한 모든 시나리오를 떠올리며 걱정하느라 결국 산토리니에서의 마지막 밤을 뜬눈으로 지새우고 말았다. 지금 같았으면 어느 정도 배짱이 생겨 그렇게까지 당황하지는 않았을 텐데. 첫 여행지에서 최대의 위기에 봉착한 순간이었다.

이튿날 아침, 호텔 직원으로부터 전화가 걸려왔다. 렌터카 업체에서 연락이 왔다며 현금 80유로를 호텔 로비에 맡기고 가라는 것이었다. 80유로? 10만원이면 해결되는 일이었다니. 이제 80유로는 큰돈이 아니었다. 간밤에 상상했던 어마어마한 일들에 비하면 말이다. 엄마와 난 얼싸안았다. 남의 땅에서 벌어질지 모를 최악의 상황을 모면하고 보니 정말 애국가가 절로 나오는 경험까지 했다.

여행을 하며 가장 많이 떠오르는 가르침 중 하나는, 바로 내가 익숙한 것들로부터 한 발만 떨어져서 보면 스스로가 얼마나 나약한 존재인지를 온몸으로 깨닫게 된다는 점이다. 내 나라를 떠나면 나는 그저 한 사람의 외국인에 불과하다. 생김새도 언어도 소수자의 신세가 되고, 내가 누리는 풍요로움과 안락 그 모든 외적인 것들이 무의미하게 느껴지는 순간을 경험한다. 이러한 경험이 쌓여 내면이 더욱 단단한 사람으로 성장해간다는 걸 느낄 때, 나는 비로소 여행이 내게 주는 의미가 무엇인지 새삼 마음에 되새기게 된다.

10년이 지난 지금 돌이켜 보면 그리스 여행은 그리스에 가고 싶다는 엄마의 마음보다 내게 그리스를 보여주고 싶은 엄마의 마음, 내게 용기를 북돋워주려는 엄마의 마음이 훨씬 더 컸던 여행이었다. 다시는 차를 빌리지 않겠다고 큰소리쳤지만 그 이후 이렇게 한 번씩 엄마와 싸우면서도 계속 차를 빌려 유럽 곳곳을 돌아보았다.

이제는 그 어떤 낯선 상황에 부딪혀도 두려움을 숨기고 차분히 대응할 수 있는 배짱이 생겼다.

이탈리아

part 2
엄마와 나의 '따로 또 같이' 여행
Italy

엄마와 난 이미 이탈리아에 갔다 왔다. 따로따로.

언젠가 엄마의 사진첩을 뒤적이다가 내가 갔던 똑같은 장소에서 수십 년 전 엄마가 외할머니와 같이 찍은 빛바랜 사진을 본 적이 있었다. 미술학도였던 엄마는 내가 존재하기도 훨씬 전, 엄마의 엄마와 함께 이탈리아를 다녀왔던 것이다. 그 뒤 세월이 흐르고 흘러 엄마의 딸로 태어난 나는 스무 살에 처음으로 엄마와 떨어져 이탈리아 여행을 다녀왔다. 그리고 피렌체에 반했다. 엄마와 다른 시간, 같은 곳을 다녀온 셈이다. 나는 혼자 보며 반했던 그 도시에 엄마와 꼭 한번 같이 가고 싶었다.

우리의 시간이 만나는 지금, 엄마는 그녀의 엄마와 갔던 곳을 딸과, 그리고 그 딸은 혼자 갔던 곳을 엄마와 함께 다시 찾았다.

두 번째 우리 둘만의 여행. 그동안 참 많은 것들이 변했다. 같은 것을 봐도 이제는 내게 와닿는 게 하나부터 열까지 다 다르다. 짧은 시간 내 많은 걸 보겠다는 욕심에 무리한 일정으로 다니다 보니, 발은 붓고 팔다리 어깨가 쑤셔 매일 밤 녹초가 되지만. 며칠째 같은 외투에 비록 여행자티를 벗을 수 없는 '꾀죄죄 모드'의 뚜벅이지만. 이 보람되고 뿌듯한 기분을 어떻게 말로 다 표현할 수 있을까?

'냉정과 열정 사이'의 도시

피렌체 Firenze

엄마는 나와 달리 피렌체에 대한 첫인상이 안 좋았다고 했다. 25년 전 아빠와의 유럽 여행 중 피렌체 두오모 성당 근처에 있을 때 집시 여럿이 다가와 옷을 잡아당겼는데, 알고 보니 그중 한 어린아이가 아빠 주머니에서 지갑을 꺼내고 있더란다. 어둑어둑해질 즈음 은은한 불빛 사이로 너무 갑작스레 확 나타난 두오모 성당의 돔도 엄마는 무섭게 느껴졌다고 한다. 같은 도시에 대한 인상이 언제 누구와 어떻게 갔느냐, 그리고 그곳에서 무슨 일이 있었느냐에 따라 참 다르다.

"엄마, 내가 봤던 피렌체는 아주 묘하고 아름다웠어. 정말 몽환적이고 신비롭고. 뭐랄까. 반나절만 머물기에는 턱없이 부족했어. 잊히지가 않아. 나랑 다시 가보자!"

버스를 타고 피렌체에 들어섰을 때의 꿈같은 그 몽환적 느낌. 주황색 붉은 지붕들이 낮지만 드넓게 펼쳐져 있는 모습에서 풍기는 아주 고전적이면서도 세련된, 뭐라고 표현하기 어려운 그 첫인상을 아직도 잊지 못한다.

그래서 나는 내가 느꼈던 그 황홀한 피렌체의 감성을 엄마와 공유하고 싶었다.

아마 그 무렵이었던 것 같다. 이탈리아 여행 전이었을까, 후였을까. 아무튼 나는 《냉정과 열정 사이》라는 책과 영화에 완전히 매료됐었다. 잠이 안 오는 밤이면 혼자 넋 놓고 몇 번이나 반복해 그 영화를 보곤 했다. 언젠간 내게도 있을 로맨스를 꿈꾸며, 연애도 한번 안 해보고 한참 감수성만 풍부한 여고생이었으니 안 그래도 감동적인 그 영화가 얼마나 더 감명이 깊었겠는가. 도시에 대해 사람의 마음을 사로잡는 스토리의 힘은 정말 대단하다. 아주 오래전에 본 영화인데도 피렌체 두오모 성당 계단을 오르면서는 그 모든 장면이 마치 어제 본 장면처럼 고스란히 떠올랐다.

피렌체 두오모 성당에 처음 갔을 때에는 이 계단을 직접 오를 수 있다는 사실조차 모른 채 지나쳤으니. 내가 얼마나 이 도시의 커다란 부분을 놓치고 말았던가. 겉에서만 보는 피렌체 두오모 성당과 또 다른, 바로 460계단을 오르며 느낄 수 있는 많은 것들을 직접 체험하고 싶었다.

여행은 겉에서만 봐서는 절대 알 수 없는 것. 최대한 갈 수 있는 데까지 전부 다 가보는 것. 그런 여행이 바로 엄마가 딸과 함께 지향하는 여행이었다.

계단을 오르면서 중간중간 작은 창틈 사이로 보이는 피렌체의 단편적 모습들이 애간장을 태운다.

사실 피렌체 두오모 성당 내부에는 꼭 봐야 할 숨은 포인트가 있다. 바로 당시의 시대를 규정짓기 위해 '르네상스(Renaissance)'라는 용어를 처음 사용한 것으로 알려진 이탈리아 화가이자 건축가인 조르조 바사리가 페데리코 주카리와 함께 성당 내부 돔 천장에 그린 프레스코화다. 이 그림을 밑에서만 올려다보았을 때에는 행복을 상징하는 천사들만 눈에 들어올지 모른다. 당연히 내부의 프레스코화이니 천국을 묘사했을 거라 여기고 그냥 넘어갈 수 있다. 그러나 사실은 천국 그림 아랫부분에 지옥이 함께 그려져 있다는 것이다. 계단을

올라야만 이 '마지막 심판'이라는 돔 하부의 프레스코화가 보인다. 돔 가까이 오를수록 불을 뿜고 있는 용의 모습과 함께 무시무시한 지옥의 모습이 점점 더 사실적으로 보이기 시작한다. 죄와 지옥을 묘사했다는 이 프레스코화에서는 잘못을 비는 인간의 모습, 처벌당하는 모습, 그리고 악마의 모습을 형상화시킨 다양한 단죄의 모습을 볼 수 있는데 자세히 보면 섬뜩하기까지 하다.

무엇을 의미하는 것일까. 천국과 지옥. 선과 악. 이 세상에 존재하는 모든 것들.

엄마는 이제 힘이 드는지 슬슬 걸음이 느려진다.

"엄마, 내 손 잡아."

460계단 오르기가 생각보다 만만치가 않다. 힘들어 하는 엄마의 손을 꼭 잡고 잠시 쉴 곳을 찾아 기대며 뒤따라오는 사람들을 먼저 보냈다. 그래도 비수기라 앞뒤로 사람이 밀려 있지 않으니 그나마 다행이었다.

50대의 엄마와 20대의 딸. 이 나이 때는 누가 누구의 보호자인지 그 경계가 흐려지는 시점이기도 하다. 언젠가부터 나는 내가 그렇게도 듣기 싫어했던 잔소리가 부쩍 늘었고 부모가 내게 했던 말들을 거꾸로 부모에게 하고 있는 내 자신을 발견한다. Circle of Life. 인생은 돌고 도는 거라더니 부모 자식 간에도 이 말이 적용될 줄 미처 생각지 못했다.

오르고 또 오르고. 점점 더 가팔라지는 계단을 뚫고 고지가 눈앞에 보이던 순간.

"아휴, 엄마는 이제 이 위까지 다신 못 오겠다. 너는 나중에 네 애들 보여주러 또 와야겠지만. 그때 엄마가 따라올 수 있다면 밑에서 맛있

는 거나 먹으면서 기다려야지. 휴…….”

지금껏 살아온 날보다 앞으로 살아갈 날이 더 짧다며 순간순간 “내가 언제 여길 또 오겠어.”라는 엄마. 내 눈엔 여전히 젊고 여러 번 올 수 있을 것 같은데 본인이 느끼는 체감은 그게 아닌가 보다. 이럴 때마다 나는 왜 또 쓸데없는 소리를 하냐고, 그런 말 좀 하지 말라고 엄마에게 핀잔을 주며 속으론 못내 울컥, 섭섭하다. 이제는 내가 엄마의 보호자라고 떠들다가도 엄마의 이런 약한 소리를 들으면 순식간에 영락없는 아이로 되돌아가는 것이다.

〈냉정과 열정 사이〉에서 두 주인공이 엇갈리며 오른 피렌체 두오모 460계단.

이른 아침, 숨을 헐떡이면서 짧지만은 않은 시간 동안 어둠 속의 좁고 가파른 460계단을 힘들게 올라 성당 꼭대기에 이르러 내 주위를 360도 빙 둘러싸고 펼쳐지는 피렌체의 모습을 마주하는 순간, 그 황홀한 느낌이란……. 언제든 돌이켜 봐도 가슴이 벅차다.

단순한 뿌듯함이지만, 의미 있는 뿌듯함. 그리고 그 즉시 느껴졌던 행복감과 감사함.

그 바람과, 향기와, 경치를 보고 넋을 놓고는 잠시 숨을 고른다.

때마침 맞은편 조토의 종탑에서 종이 울려 퍼지고 안개가 살짝 드리운, 조금 쌀쌀하지만 상쾌한 아침 바람과 함께 눈 아래로 낮게 펼쳐진, 내가 처음 반했던 주황색 지붕들의 아름다운 도시를 다시 내려다보고 있자니 마음에 뭉쳐 있었던 짐들이 훅 내려지는 것 같다.

맞은편 조토의 종탑 위에 오른 사람들이 우리 쪽을 향해 손을 흔들

고 있다. 그 종탑에 올라 지금 내가 서 있는 피렌체 두오모 성당의 모습까지 본다면 얼마나 더 아름다울까. 이미 기진맥진해 벤치에 앉아 쉬고 있는 엄마에게 "엄마, 우리도 종탑에 올라가볼까?" 했지만 내 말이 채 끝나기도 전에 엄마는 고개부터 젓고 있다.

종소리와 함께 기둥에 기대서 있는 어느 2014년 연인의 모습도 마치 영화의 한 장면 같다.

피렌체에는 두오모 성당 외에도 산타 마리아 노벨라 성당, 우피치 미술관, 바르젤로 미술관, 피티 궁전, 폰테 베키오 다리 등 꼭 둘러봐

야 할 장소가 많다. 그리고 이 도시와 따로 떨어뜨려서 생각할 수 없는 메디치 가문이 있다.

르네상스를 일으킨 도시 피렌체는 1400년부터 1748년까지 약 350년 동안 메디치 가문에 의해 꽃피었다. 이 시기는 역사와 문화 면에서 중요한 시기였는데 메디치 가문이 학문 부흥과 예술 장려에 막대한 재산을 쏟아부었다. 보티첼리, 레오나르도 다빈치, 라파엘로, 미켈란젤로, 갈릴레오, 마키아벨리, 브루넬레스키, 브라만테 등 그 이름만 들어도 메디치 가문이 역사에 얼마나 크게 기여했는지 알 수 있다.

그리하여 피렌체는 곧 '메디치의 도시'라고도 불려왔다. 지금도 위대한 르네상스 문화유산이 고스란히 전해오는 피렌체에는 넘치는 예술혼과 르네상스의 기운을 느낄 수 있다.

요즘은 피렌체를 '페라가모(Ferragamo)의 도시'라고 부른다. 우리에게도 익숙한 패션 브랜드 페라가모의 본사가 피렌체에 위치해 있으며 이곳에만 네 군데 각기 다른 콘셉트의 부티크 호텔과 박물관 등을 운영하며 다양한 브랜딩이 도시와 함께 이루어지고 있기 때문이다.

도시를 둘러싼 과거와 현재, 다양한 얘기들을 들으며 골목골목 예술혼이 담긴 '플로렌스(Florence)'를 걷는다. 이 아늑한 밤거리는 왠지 피렌체보다 플로렌스라는 이름이 더 잘 어울리는 것 같다.

역시 여행은 한곳을 느리게 보는 게 옳다.

나는 피스타치오, 엄마는 호두, 각자 취향대로 젤라토를 하나씩 사 들고 동네 구석구석을 돌아본다. 여행지에서 엄마의 체력은 오히려 30대로 되돌아간 듯하다. 우리는 예뻐 보이는 게 있으면 유리창에 붙어 서서, 이건 어떻고 저건 어떻고 하며 조잘조잘 떠들다가 마음에 쏙 드는 곳을 만났을 때쯤 서로를 마주 본다.

"여기 들어가볼까?"

엄마는 특유의 해맑은 소녀같이 맑은 미소로 이제 피렌체가 아주 좋다고, 언제고 다시 와도 좋을 것 같다고 말했다. 딸과 함께 와서 더 더욱 그렇다고.

겨울의 피렌체. 많이들 상상하지 않을 계절의 여행이지만. 믿어보라, 겨울의 피렌체는 그 어떤 계절의 피렌체와도 비교할 수 없을 만큼 낭만적일 테니.

GALLERIA
UFFIZI

유럽 부호들의 비밀 휴양지
포르토피노 Portofino

포르토피노는 밀라노에서 약 두 시간 정도 떨어진 곳에 있는 아주 작은 해변 마을이다. 유럽 부호들이 요트를 정박해놓고 해마다 별장에 머물며 휴가를 즐긴다는 곳. 하지만 실제 이곳은 휴양지란 설명이 무색하게 별로 호화롭지 않다. 휴양지란 사실을 모르고 갔다면 이런 설명에 오히려 깜짝 놀랄 만큼 소박하다고 느꼈을지도 모른다.

날씨가 그다지 화창하지 않았다. 꽤 높은 지대에 위치한 스플렌디도 호텔(Splendido Hotel)에서 바라보는 포르토피노 경치가 그렇게 멋지다고 하는데 아쉽게도 우리가 갔을 때에는 비수기라 문이 닫혀 있었다. 겨울은 겨울대로 나름 운치가 있는데, 유럽의 비수기는 왜 이렇게 긴 건지. 한편으로는 워낙 휴가가 긴 이 나라 사람들이 부러우면서도 겨우 시간을 내어 여기까지 찾아온 방문객의 마음을 몰라주는 게 못내 야속하기만 하다. 보통 10월 말부터 3월까지가 비수기라니, 그럼 거의 1년 중 반을 쉰다는 것 아닌가. 참 태평하기도 하시지. 특히 이런 작은 휴양지는 비수기 때 문을 아예 닫는 곳이 많다.

브라운 캐슬(Brown Castle)은 포르토피노의 절경을 한눈에 내려다볼 수 있는 가장 좋은 전망대다. 마르티리 델로리베타 광장(Piazza Martiri dell'Olivetta)에서 한 20분쯤 걸어 올라가야 한다. 좁은 돌계단을 오르며 나무 사이로 보이는 포르토피노의 풍경은 정말 아름답다. 한 15분쯤 올라 그 엄청날 뷰를 상상하며 설레는 마음으로 도착한 브라운 캐슬 정문. 세상에! 비수기라고 정문이 닫혀 있다. 완전 대실망이다. 문밖에서 까치발을 들고 한숨을 내쉬며 쇠창살 사이로 고개를 빼꼼 내밀고는 세상 아쉬운 표정으로 허탈해하는 우리 모습을, 마침 정원을 손질하던 집사가 보았다. 집사는 걸어 내려와 손수 정문을 열어주며 성 내부를 볼 수 없으니 아름다운 경치라도 내려다보고 가라고 한다. 마음씨 좋은 분. 동양인 두 모녀가 여기까지 얼마나 어렵게 왔는지 짐작이 됐나 보다. 게다가 그는 저 멀리 내려다보이는, 꼭 '이솝 우화'에나 나올 법한 옛 궁전처럼 생긴 집을 가리키며 "저 집이 '돌체 앤 가바나'의 별장입니다."라며 의외의 정보까지 알려주신다. 내부를 보지 못해 다소 아쉽긴 했으나 숨이 멎을 것 같았던 풍광을 보고 나니 내려오는 발걸음이 가볍다. 엄마는 씩씩하게 걷는다.

조용하고 인적 드문 포르토피노 해변이 햇빛을 받아 아름답게 반짝인다. 그런데 점점 항구 가까이 내려갈수록 왠지 모를 불안감이 밀려오기 시작했다. 분명히 차를 세울 때에는 주위에 다른 차가 몇 대 더 있었는데, 내려가면서 보니 저 멀리 우리 차만 얌전히 홀로 서 있는 게 아닌가.

우선 차를 타고 나가 보자며 출구를 향해 가는데 아니나 다를까 항구를 나가는 길목에 차가 빠져나가지 못하도록 쇠기둥이 올라와 있었다. 우리는 꼼짝없이 포르토피노 광장에 갇힌 신세가 되고 말았다. 알고 보니 이 동네 규칙이 낮 12시까지 항구에서 차를 빼 항구 밖에 있는 리베르타 광장 주차장에 세워야 한단다. 자유 여행을 온 우리가 알 턱이 없었다. 난감하기 짝이 없었지만 그리스 사고에 비할까. 나는 당황하고 있는 엄마를 두고 쇠기둥 밖으로 걸어 나갔다. 상가 안쪽에 작은 경찰서가 있다.

"우리 차가 저 안에 있어요. 들어갈 때에는 없었던 기둥이 올라와 있는데. 들어가면 안 되는 곳인 줄 몰랐어요. 어떻게 해야 하죠?"

내가 내 얼굴을 볼 수는 없었지만 내 표정은 아마 〈슈렉〉에 나오는 장화 신은 고양이의 간절한 표정보다 더하면 더했지 덜하진 않았을 것이다. 타국에서 이런 상황이 닥칠 경우 자존심은 없다, 오로지 한시라도 빨리 이 상황에서 벗어나기 위한 간절함만 있을 뿐. 절박한 내 마음과 달리 너무도 평온한 얼굴로 현금 얼마를 내라고 하는 이탈리아 경찰이 되레 고맙게 느껴졌다. 벌금을 내고 나니 굳게 올라와 있던 쇠기둥이 내려간다.

엄마는 딸을 다 키웠더니 이런 일도 알아서 척척 해결한다며 해맑게 웃는다. 그때 찍은 사진을 보며 당황하면서 벌금 내던 우리 두 모녀의 모습을 웃으며 떠올릴 수 있으니, 지금은 그 일이 또 하나의 행복한 추억이다.

기차로만 연결된 오색 빛의 해안 마을
친퀘테레 Cinque Terre

이탈리아 북서부 리비에라 연안에 위치한 친퀘테레는 '다섯 개의 땅'이란 뜻으로 크고 작은 다섯 마을들 즉 리오마조레(Riomaggiore), 베르나차(Vernazza), 코르닐리아(Corniglia), 마나롤라(Manarola), 몬테로소(Monterosso)가 기차로 연결되어 있는 독특한 모습의 해안 마을이다. 이 지역 전체가 유네스코 세계 문화유산으로 등재돼 있고, 이탈리아에서 가장 인기 있는 관광지 중 하나로 꼽힌다. 친퀘테레에 속하는 다섯 마을은 오직 기차로만 이동할 수 있다는 점이 이색적인데, 첫 번째 마을 몬테로소의 주차장에 차를 세워놓고 1일권이나 2일권으로 표를 끊으면 승차 횟수에 상관없이 그 기간 내내 기차를 이용할 수 있다. 원하는 마을에 내려 골목골목 돌아다니면 창밖으로 이불 빨래를 널어놓은 집부터 작은 선술집 야외 테라스에 앉아 거리 음악을 감상하는 관광객들까지 각 마을의 특색을 오롯이 느끼며 걷는 즐거움을 맛볼 수 있다. 그중 가장 큰 마을인 리오마조레부터 마나롤라까지 이어지는 길을 사랑의 길(Via dell'Amore)이라고 부르는데 1킬로미터 정도 되는 평탄한 산책로이다. 수많은 연인들이 찾는 길로도 유명하다. 우리는 친퀘테레 해변 하이킹 코스 중 하나인 이 사랑의 길까지만 가보기로 했다. 보통은 사랑하는 연인이 걷는 것만이 로맨틱해 보이겠지만 엄마와 딸이 나란히 걷는 것도 예상외의 낭만을 가져다 주었다.

Monterosso

Lila
Ristorante
Rio
BISTROT

"엄마는 아빠와 어떻게 결혼이란 걸 하기로 결심했어?"

사실 여행이 아니면 이런 질문을 하게 되는 순간이 생각보다 많지 않다. 대학교 1학년 때 만나 5년간 연애하고 결혼해 어느덧 33년 차를 맞은 동갑내기 부부. 엄마 아빠의 연애 스토리를 드문드문 듣기만 했을 뿐 아마도 이렇게 단도직입적으로 물어본 적은 없었던 것 같다. 인생의 동반자를 만나 평생 함께 산다는 일, 지금껏 부모와 살아온 세월보다 더 긴 세월을 살아갈 사람을 만나 서로가 서로의 가족이 되는 일. 내겐 여전히 너무나 어렵고도 엄청난 일이다. 그래서 엄마는 어떻게 결혼 결심이 섰는지 궁금했다. 혹시 내 짝을 알아보는 특별한 비법이라도 있을까 해서. 그러나 돌아온 대답은 산통을 다 깨는, 우리 엄마다운 한마디였다.

"어떻게는 뭘 어떻게야. 엄마가 뭘 모르고 낚인 거지 뭐."

우리는 한바탕 크게 웃으며 아빠를 화두로 친퀘테레 사랑의 길을 걷는다.

예전에 처음 집을 떠나 기숙사에 들어갔을 때, 어느 날 자고 일어났더니 아빠에게 음성 메시지가 도착해 있었다. 술 한잔한 목소리에 학교생활이 어떤지 안부를 묻고는 대뜸 '아빠는 대학교 1학년 때 엄마를 만나서 엄마가 아빠한테 첫사랑이고 아빠가 만났던 유일한 여자 친구였어. 요즘 애들이 보기엔 너무 고지식하지? 아빠는 우리 딸이 다 컸으니 언젠가 연애도 하고 결혼도 할 텐데. 고민이 생길 때 언제든 아빠한테 얘기해주면 좋겠다…….' 뜻밖이었지만 반가웠고, 짧았지만 아빠의 마음이 충분히 전해져온 메시지였다. 거기에 엄마가 아빠의 첫사랑이라는 '뜬금포' 고백. 어려서부터 아빠는 늘 바쁜 사람이었다. 그래서 한집에 살면서도 아빠와 둘만 따로 얘기할 기회가 없었다. 그러나 아빠도 아빠가 된 것이 처음인지라 아빠의 역할이 무엇이고 어떻게 해야 좋은 아빠인지 나름대로 소심하게나마 고민하고 있었던 것이다.

문득 그 음성 메시지 내용이 생각나서 엄마에게 물었다.

"아빠는 엄마가 첫사랑이었다는데? 엄마 그거 알았어? 엄마도 아빠가 첫사랑이야?"

"아니, 엄마는 아직 첫사랑을 못 만난 것 같아."

또 한 번 박장대소. 정말이지 우리 엄마다운 답변이 아닐 수 없다. 우리 집은 남자와 여자가 뒤바뀐 것 같다. 감성적인 남자와 이성적인 여자.

"우리 때는 남녀가 만나면 무조건 결혼해야 하는 줄 알았을 때였어. 아빠가 다른 건 몰라도 정이 많고 순수한 데가 있잖아. 그런 면이 좋았던 거 같아. 그런데 살다 보니 아빠는 불안하게 느껴질 때도 많았어. 엄마는 아버지같이 든든한 남편을 바랐는데. 외할아버지는 늘 뭐든지 알아서 척척 해결해주는 분이셨거든. 그러니 남편도 당연히 아버지처럼 그럴 거라 생각했나 봐. 스물다섯이면 나도 어린 나이였지만 갓 사회생활을 시작한 아빠도 어린 나이였는데 말이야.

지금 생각해보면 결혼이란 자체가 때때로 마주하는 불안정함을 부부가 서로 의지하며 대화하고 이겨나가야 하는 어려운 과정이 아닐까 해. 누구도 알 수 없는 게 앞날이니까……. 인생은 선택의 연속이거든. 몇십 년을 다르게 살아온 미성숙한 두 사람이 만나 한 가정을 이루기 위해 맞춰가는 과정인데 어떻게 온전하기만 바랄 수 있겠니? 당연히 이해해줘야 한다고 생각하지 말고 서로 조금씩 양보하면서 내가 먼저 상대를 존중하려 노력하고 대화하고. 새로운 하나를 다시 처음부터 함께 만들어가는 과정이려니 생각하면서 같은 상황이라도 좀 더 유연하게 대처할 수 있는 지혜를 발휘해야 하는 게 현명한 여자가 해야 할 역할이겠지."

엄마는 늘 내게 엄마로서 또 여자로서 현실적인 조언을 많이 해주곤 한다.

"엄마는 로맨티스트가 아니라서 그런지 부부가 사랑만으로 산다는 건 거의 불가능한 일이라고 생각해. 너 없으면 안 된다, 너 없으면 못 산다 하는 남자는 별로야."

"왜? 나 없으면 안 된다고 하는 남자가 누구보다 나를 더 많이 사랑하는 남자 아냐?"

"살다 보면 헤쳐 나가야 할 크고 작은 일이 얼마나 많은데 너 없으면 안 된다, 너 없으면 못 산다 그래? 그게 얼마나 유약한 생각이니? 그건 사랑이라기보다 당장 자기 필요에 의해서 하는 말이야. 그보다는 책임감 있는 행동으로, 신뢰감 주는 행동으로 그 마음을 보여줄 수 있는 사람. 말로 주는 신뢰는 배신할 수 있지만 행동으로 주는 신뢰는 배신하지 않거든. 두 사람이 각자의 생활에 충실하되 살아가며 만나게 될 크고 작은 장애물들 앞에서도 흔들림 없이 서로가 서로한테 든든한 버팀목이 되어줄 수 있는 그런 신뢰. 그건 남녀 사이뿐 아니라 어느 인간관계를 봐도 마찬가지야. 말로 하는 건 누가 못 하니? 행동으로 증명해 보이는 게 어려운 거지. 결혼은 그런 면에서 사랑보다는 의리가 아닐까."

"하긴, 말만 번지르르 잘하는 사람은 많이 봤지만 행동으로 믿음직스럽고 어른스러운 사람은 별로 못 본 것 같네. 앞뒤가 다르지 않은 사람. 내 앞에서보다 내가 안 보는 곳에서 더 올곧고 든든한 사람. 그래서 믿음이 가는 사람. 근데 그게 참 쉽지가 않아. 이 사람이 맞을까, 내 짝으로? 그런 불안한 마음이 안 드는 사람을 만난다는 게 난 너무 어려워."

"인생은 원래 불안한 거야. 어떻게 쉬울 수 있겠니? 인생이 쉽다면 그게 더 이상한 거지. 네 선택으로 만드는 가족은 네 짝이 유일한데 그게 얼마나 큰일이야. 그 한 번의 선택이 네 아이의 아빠를 만들어 주는 일이고 그 한 번의 선택으로 네 부모한테는 새로운 자식이, 너한테는 새로운 부모가 생기는 일이니까. 가족이 되는 거지. 어려우니 · 신중을 기해야 하는 건 당연한 거야.

한 치 앞도 모르는 게 인생인데, 살다 보면 다른 외적인 부분은 삶에 있어서 그리 중요한 게 아니야. 사람 됨됨이, 책임감. 말보다는 행동으로 신뢰를 주는 사람인지, 벌컥 화를 내기 전에 네 입장에서 한 번 더 생각해보는 사람인지 봐야 해. 엄마 마음은 그래. 무엇보다 본성이 착하고 양심적인 사람인지를 봐야 해. 부부가 같이 살며 티격태격 싸울 때가 있지만 결정적인 순간, 양심에 따라 행동하는 사람인지를. 상식이 통하는 사람인지를. 그리고 너 또한 똑같이 그런 사람이 되도록. 기대기만 하지 말고 자립적으로, 성숙하게. 때로는 남자가 기댈 곳이 필요할 때 너한테 기댈 수 있도록 지혜롭고 현명하게. 요즘은 여자가 남자한테만 기대 사는 시대는 아니잖아."

엄마와 이런저런 얘기를 하며 걷다 보니 사랑의 길이 끝나는 지점에 다다랐다. 관광하다 보면 때를 놓쳐 끼니를 거르게 되는 경우가 종종 있는데 이날도 우리는 어쩌다 보니 점심을 걸렀다. 시간은 오후 3시가 넘어가고 있었다.

주인 할머니에게 남다른 포스가 느껴졌던 마나롤라의 'La Cantina dello Zio Bramante'. 화이트와인이 유명한 친퀘테레에 왔으니 화이트와인 두 잔과 이탈리아의 가장 기본 메뉴인 브루스케타와 펜네를 주문했다. 허름했던 펍 외관과 다르게 음식이 놀랍게 맛있었다. 배가 많이 고파서 그랬는지, 별 대단한 음식도 아닌데 같은 메뉴를 한 번씩 더 시켜 먹었다. 그 평범한 음식이 지금도 가끔씩 어찌나 생각이 나는지. 할머니의 손맛이 살아 있는 바삭바삭한 가정식 브루스케타와 쫄깃쫄깃한 토마토펜네에 취해 결국 친퀘테레 화이트와인까지 사 들고 펍을 나왔다. 무엇보다 밤마다 엄마와 둘이 동네 슈퍼마켓에 들러 산 그 지역 와인을 한잔씩 하며 수다 떨다 잠드는 게 여행의 소소한 즐거움 중 하나다.

이제 떠나는 길, 시시각각 변하는 오색 야경이 참 멋지다. 비수기에 접어든 친퀘테레는 전혀 붐비지 않았다. 그래서 언젠가 다시 여기에 온다면 이 마을에 엄마와 나 둘만의 시간이 흐른 것 같았던 느낌이 많이 생각날 것 같다.

몬테로소로 가는 기차에서는 한 한국인 여성 여행자를 만났다. 이 비수기에, 사람도 몇 안 되는 친퀘테레에서 한국 여행객을 만나다니. 이렇게 반가울 수가! 그녀는 친퀘테레를 홀로 걸으며 어느 나무 밑에서 한참을 누워 있었단다. 한국 사람들, 정말 대단한 민족이다. 세계 어느 나라를 가도 한국 사람은 꼭 있다는 말을 실감한다. 엄마는 요즘 젊은 사람들은 인생을 참 주도적으로 자유롭고 멋지게 산다며 우리 딸도 젊었을 때 더 넓은 세상을 보고 진취적으로 씩씩하게 많은 경험을 하길 바란다고 말했다.

오페라의 거장 푸치니의 고향

비아레조 Viareggio

대중적으로 인기 많은 관광지가 아닌 바에야 비아레조를 굳이 가려는 사람이 얼마나 될지 모르겠지만, 포르토피노를 떠나 친퀘테레에 들렀다 곧바로 시에나로 질러가는 건 다소 무리였기 때문에 오페라의 거장 지아코모 푸치니(Giacomo Puccini)가 사랑했다는 이곳, 비아레조에서 하룻밤 묵어가기로 했다.

이 도시는 뭐랄까. 해산물 향이 풍기는, 캘리포니아의 레돈도 비치(Redondo Beach)가 떠오르는 곳이다. 정말 푸치니의 고향답게 밤은 밤대로, 새벽은 새벽대로, 아침은 아침대로 그 매력이 시시각각 달라

지는 비아레조는 흔히 생각했던 이탈리아의 모습과 사뭇 달랐다. 화려한 예술의 도시란 느낌이 조금은 빠진 듯했지만 그 대신 다른 어디에서도 느낄 수 없는 사람 냄새나는 평범한 이탈리아 어촌의 매력에 몽환적 고요함이 동시에 깃들어 있다.

우리는 푸치니 공원에서 바라보는 석양이 멋지다고 듣고 지는 석양을 따라잡으며 겨우겨우 푸치니 공원을 찾아갔는데 가는 길에 조금 헤매다 보니 노을이 지는 찰나를 놓치고 말았다. 고속도로에서 봐도 그렇게나 멋졌던 석양을 이 공원 호숫가에서 봤더라면 얼마나 더 근사했을지. 운전대를 잡고 점점 어두워지는 하늘을 보며 아쉬움에 발을 동동 굴렀다. 노을이 진 후 공원 호숫가에 깔리는 고요한 밤공기가 조금 으스스하기도 하지만 미술관에 걸린 한 심오한 의미가 담긴 작품처럼 어딘지 모르게 푸치니와 어울린다는 생각이 든다.

우리는 다시 현지인이 추천한 해산물 맛집을 향해 달려갔다. 역시 저녁은 이날도 예상보다 아주 많이 늦어졌다. 엄마와 난 끼니를 조금 늦추더라도 둘러보는 것에 더 적극적인 성격이어서 밥때를 놓쳤다고 서로 다투는 일은 없었다. (엄마는 이 점이 남편과 여행할 때와 달리 가장 좋은 점이라고 말했다. 늘 남편과 보조를 맞춰야 하는 아내의 역할이란 여행지에서도 남편의 끼니부터 신경 쓰이는 게 현실인가 보다.)

Ristorante Massimo

의외로 이탈리아 여행 중 기억에 남았던 맛집 중 하나. 눈 깜짝할 사이에 없어진 해산물 국물 요리. 연이어 나온 해산물튀김도 전혀 느끼하지 않고 담백하다. 아주 소박하고 조그마한 로컬 식당이었는데 해산물 요리가 모두 신선하고 푸짐한 데다 맛있기까지! 화려하고 비싼 식당보다 이렇게 알려지지 않은 곳을 만났을 때 느낀 만족감이 훨씬 더 크다. 호텔과 식당 사이 산책로에는 북적북적한 식당과 선술집 등이 즐비하다. 오묘한 분위기 속에 활기가 넘쳤던 곳. 정말 느낌 있었던 비아레조는 이탈리아 여행에서 건진 의외의 수확이었다.

페기 구겐하임이 가장 사랑한 도시

베네치아 Venezia

물의 도시 베네치아. 어렸을 때 셰익스피어의 5대 희극 중 하나인 《베니스의 상인》을 읽고 베네치아는 과연 어떤 곳일까 하고 막연한 상상을 해봤다. 베네치아는 안토니오와 샤일록의 재판 이야기보다 포셔와 바사니오의 사랑 이야기에 더 잘 어울리는 도시 같았다.

예전, 유럽 투어를 했을 때 베네치아에 들렀지만 그때 역시 반나절만 머물다 단체로 곤돌라를 타고 급히 떠났던 기억이 있어 다음에는 엄마와 꼭 같이 와서 구석구석 더 자세히 봐야겠다고 다짐했었다. 그랬던 것이 9년 만에 그 꿈을 이루게 된 것이다.

피렌체에서 기차를 타고 약 두 시간. 나는 기차 여행이 좋다. 유럽은 워낙 기차가 편리하게 잘 발달되어 있어 기차에 앉아 스쳐가는 창밖 풍경을 바라보는 것만으로도 지금 이 순간이 행복하다고 느껴질 때가 많다. 어쩌면 기차라는 공간이 주는 특별한 추억이 있어서 그런지도 모르겠다.

예전에 외할머니 외할아버지는 서울에서 기차로 한 시간 반 정도 떨어진 온양에 자주 다니셨는데, 그때마다 대여섯 살 정도 된 나를 꼭 데리고 다녔다. 기차가 할머니 할아버지의 사랑을 독차지할 수 있었던 공간으로 기억에 남아서 그런지 기차를 탈 때면 그때의 추억이 떠올라 유독 설레곤 한다.

편안함과 설렘이 공존하는 게 유난히 아름다워 보였던 중년의 커플. 사귄 지 얼마 안 된 것 같지도, 그렇다고 아주 오래된 것 같지도 않아 보였다. 두 사람은 별다른 말을 하지 않았다. 각자 책을 읽고 있다가 베네치아에 다다랐을 무렵, 한 사람이 손을 들어 다른 사람의 손에 살포시 포개놓더니 함께 창밖을 바라봤다. 아름다웠다.

앞을 보니 돋보기를 쓴 엄마가 내 자리까지 침범해 이탈리아 지도를 한껏 펼쳐놓고는 볼펜을 들고 열심히 공부하고 있다. 뭔가 상반된 양쪽 여행자의 모습에 나도 모르게 그만 웃음이 나왔다. 엄마는 주위에 어떤 사람이 있는지 아무 관심이 없다. 특히 로맨틱한 상황에 더더욱 그렇다. 지금 당장 중요한 건 여기까지 왔으니 하나라도 더 자세히 봐야 한다는 일념뿐. 나는 이런 엄마가 마냥 귀엽다.

la Biennale di Venezia

엄마가 기차에서 열심히 공부한 정보에 따르면, 베네치아 관광 시 여러 가지 할인 혜택을 받을 수 있는 롤링 베네치아 카드를 만 14세에서 29세까지 구입이 가능하다고 한다. 당시 만 28세였던 나는 절약할 수 있다는 사실보다 비록 턱걸이에 가깝긴 하지만 내가 이 혜택을 받을 수 있을 만큼 아직 어리다는 사실에 내심 기분이 좋아 베네치아 역에 도착하자마자 기쁜 마음으로 당당히 롤링 베네치아 카드를 샀다. 그리고 그 마음을 이어 수상 택시비를 아껴보겠다고 성큼 수상 버스에 올랐다.

그러나 실상 난민이 따로 없었다. 각자 보름 일정으로 꾸린 20킬로그램짜리 중형 트렁크와 캐리어를 각자 한 손에 하나씩 끌어야 했으니 두 손이 자유롭지 못했고, 날이 추워 옷을 두껍게 입었으니 움직임마저 둔했다. 더구나 수상 버스 정류장까지 가방 두 개를 끌고 가는 것도 일이었지만 더 큰일은 그 후에 일어났다. 수상 버스에 자리가 하나도 없었던 것이다. 완전 민폐 동양인들을 향해 모든 사람들의 시선이 따갑게 꽂혔다. 이 많은 짐을 끌고 만원인 지하철에 탄 것과 다를 바가 없었다.

민망함을 무릅쓰고 다행히 자리를 하나 잡아 엄마를 먼저 앉혔다. 호텔까지 가는 길은 멀고도 험했다. 겨우 도착한 정류장에서도 호텔까지 베네치아 돌길을 10분 정도 걸어가야 하는데 말이 10분이지 울퉁불퉁한 돌 틈에 트렁크 바퀴가 자꾸 빠지는 바람에 가다 서다를 반복해야 했고 그 와중에 작은 육교 같은 계단도 오르내려야 해서 시간이 두 배로 더 걸리는 것 같았다. 엄마가 힘든 게 싫어 엄마 트렁크를 들어주려고 내가 먼저 얼른 계단을 내려가 바닥에 가방을 내려놓고 돌아섰더니 엄마는 엄마대로 내게 짐이 되기 싫어 낑낑대며 그 무거

SOTOPORTEGO
DE L'ABAZIA

운 트렁크를 들고 계단을 올라온다.

내가 힘든 건 괜찮은데 엄마가 힘든 건 정말 싫다. 엄마 마음도 마찬가지. 아니, 내 마음보다 더하면 더했지 덜하지 않을 것이다. 그게 엄마의 마음이니까.

연신 헉헉거리며 인내심의 한계를 느낄 때쯤 호텔에 도착했다. 한숨이 절로 나왔다. 지칠 대로 지친 우리는 방으로 들어가자마자 침대에 벌러덩 누워버렸다. 그제야 굳은 표정을 풀고 이 상황이 또 웃겨 한바탕 크게 웃었다. 자유 여행에서는 이렇게 예상치 못한 난감하고 엉뚱한 순간을 만나는 게 다반사다. 당시에는 썩 달갑지 않은 상황이었지만 지나고 보면 그만한 추억거리가 또 없으니, 아이러니가 아닐 수 없다.

우리는 다시 호텔에서 5분 거리에 있는 해리스 바(Harry's Bar)로 갔다. 베네치아에 가면 꼭 먹어야 한다는 먹물파스타를 시키고 오늘 겪은 고난 아닌 고난을 얘기하며 하루를 마무리한다. 옷 갈아입을 힘도 없었던 우리는 식당이 캐주얼한 바인 줄 알고 관광객 차림 그대로 왔더니 다른 이들은 한껏 치장하고 앉아 있다. 다른 때 같았으면 후회하며 민망해했겠지만 기진맥진 지칠 대로 지친 엄마와 난 차림새 따위 신경 쓰지 않았다. 지금도 그날의 일이 이렇게 생생한 걸 보면 여행은 역시 고생 좀 하면서 다녀야 기억에 오래 남는다는 말이 맞는 것 같다.

페기 구겐하임 미술관(Peggy Guggenheim Collection)

페기 구겐하임은 베네치아를 사랑했다. 미국 뉴욕 태생의 전설적인 컬렉터 페기는 뉴욕 구겐하임 미술관을 설립한 솔로몬 구겐하임의 조카이자 타이타닉호 침몰로 사망한 벤저민 구겐하임의 둘째 딸이다. 탁월한 안목과 재력을 바탕으로 미술품을 수집하고 예술가를 발굴해 후원한 그녀는 뉴욕을 떠나 30여 년간 이탈리아 베네치아에서 살았다. 그리고 이곳에 묻히는 조건으로 자신이 거주하던 집을 베네치아에 기증했다. 배를 댈 수 있는 강가에 위치한 그녀의 집은 1948년 미술관으로 개방되어 오늘날 세상에서 가장 수준 높은 현대 미술관 중 하나로 손꼽히고 있다.

미술관 앞마당으로 나가 보면 알 수 있다. 그녀가 왜 그토록 이곳을 사랑했고 영원히 머물고 싶어 했는지.

부담스럽지 않은, 개인 집에서 그림을 보는 듯 온기가 느껴지는 편안한 미술관. 파블로 피카소, 마크 샤갈 등 거장의 작품부터 호안 미로, 막스 에른스트, 잭슨 폴록, 바실리 칸딘스키, 알렉산더 칼더, 알베르토 자코메티 등 그녀가 발굴했던 수많은 현대 작가의 작품과 그녀의 친구 및 가족의 작품까지 온 집 안에 볼거리가 가득하다. 미술관 마당 페기 구겐하임의 묘지 옆에는 그녀가 키웠던 아홉 마리 개도 함께 잠들어 있다.

PEGGY
GUGGENHEIM
COLLECTION

PEGGY
GUGGENHEIM
COLLECTION
HANNELORE B. AND RUDOLPH B.
SCHULHOF COLLECTION

HERE RESTS
PEGGY GUGGENHEIM
1898 – 1979
HERE LIE MY BELOVED BABIES
CAPPVCINO 1949 1953
PEGEEN 1951 1953
PEACOCK 1952 1953
TORO 1954 1957
FOGLIA 1956 1958
MADAM BUTTERFLY 1954 1958
BABY 1949 1959
EMILY 1945 1960
WHITE ANGEL 1945 1960
SIR HERBERT 1952 1965
SABLE 1958 1973
GYPSY 1961 1975
HONG KONG 1964 1978
CELLIDA 1964 1979

Changing Place, Changing Time,
Changing Thoughts, Changing Future.

장소가 바뀌고, 시간이 바뀌고,
생각이 바뀌면, 미래가 바뀐다.

건물 외벽에 쓰인 공감되었던 문구. 다양한 해석이 가능하겠지만 내게는 많은 곳을 경험하고 시간의 흐름을 순리대로 받아들이고 생각의 유연함을 가지고 미래를 설계하라는 의미로 와닿는다.

페기 구겐하임 미술관에서 반나절을 보냈다. 미술을 전공한 엄마는 미술관을 두 바퀴나 넘게 둘러보며 미술관과 사랑에 빠졌다. 그리고 내 팔짱을 끼고 말한다.

"엄마 너무 좋아, 딸이랑 같이 와서."

그로부터 3년 후인 2017년 여름, 오스트리아-돌로미티 여행을 하다 마침 2년마다 열리는 베네치아 비엔날레 아트 페스티벌을 보러 베네치아에 다시 들렀다.

가방을 두 개씩 끌고 힘들게 걸었던 그 돌길을 다시 걸으며 그때는 이렇게 사람이 붐비지 않아서 그나마 다행 아니었느냐고 추억한다. 희한하게도 그때의 우리 모습을 떠올리면 힘들었다기보다 그저 웃기기만 했다. 역시 고생을 해본 사람이 감사함도 더 크게 느낄 줄 아는가 보다.

베네치아는 다시 와도 좋다. 익숙해져서 더 친근하다.

현지 사람처럼 배편 예약도 척척, 수상 버스표 예매도 척척. 내게 길을 묻는 다른 아시아 관광객에게 친절하게 도움까지 줄 수 있다니. 3년 전 그때의 그 작은 고생이 오히려 보람되게 느껴진다.

이번에 와서 다시 보니 베네치아는 물 위 우뚝한 도시 모습도 물론 아름답지만 돌담 골목, 아치, 다리도 참 멋스럽다. 기후변화의 위험을 알리며 카 사그레도 호텔(Ca' Sagredo Hotel)을 떠받치고 있는 이탈리아 조각가 로렌조 퀸(Lorenzo Quinn)의 대형 손 모양 설치 미술품 〈Support〉를 보며 언젠간 그리운 과거가 되어버릴 이 소중한 시간까지도 떠받쳐 보호하고 싶다는 생각이 든다.

LORENZO
QUINN
SUPPORT

ORIGINAL
WATERCOLOR

'로미오와 줄리엣'의 도시

베로나 Verona

2000년이 넘은 도시, 피렌체를 닮은 도시, 아름다운 사랑의 도시, '로미오와 줄리엣'의 도시.

베로나에 가고 싶다는 생각이 처음 들었던 건 2010년도 영화 〈레터스 투 줄리엣(Letters to Juliet)〉을 본 뒤였다.

"지난 인생에 대한 아쉬움은 누구나 있지만, 정말 소중한 걸 놓쳐버렸다면……. 그 미련은 평생 마음에 돌덩이로 남죠."

가슴 뜨거웠던 첫사랑을 잊지 못하는 영화 속 어여쁜 백발 할머니는 소피가 보낸 답장을 읽어 내려간다. 할머니가 50년 전 줄리엣의 집에 남긴 편지다. 진실한 사랑은 변하지 않는다는 다소 진부한 주제를 베로나라는 장소 하나로 낭만적이면서도 담백하고 따뜻하게 풀어낸 영화였다.

당시 내겐 이 영화가 사랑보다는 추억과 시간 여행에 관한 영화로 다가왔다.

순간을 놓쳐버리면 그 가치를 모른 채 흘려버릴 수가 있다는, 순간을 놓치면 되돌릴 수 없는, 큰 미련과 후회를 남긴다는 할머니의 말이 어린 나이에 영화를 봤어도 뇌리에서 떠나지 않았다.

베로나는 몇 번이고 찾아갈 기회가 있었지만 매번 다른 이유로 미뤄뒀던 곳이다. 우리의 베로나 여행엔 큰 행운이 따랐다.

베로나는 로마 시대 유적이 풍부한 도시 중 하나인데 로마의 콜로세움 다음으로 큰 원형 경기장, 아레나 디 베로나(Arena di Verona)가 가장 큰 볼거리이다. 이 원형 극장에서 매년 베로나 오페라 페스티벌이 열린다는 사실을 이번 여행을 준비하며 알게 되었다. 한 친구에게 7월에 베로나를 가게 될 것 같다고 했더니 친구는 대뜸 혹시 베로나 오페라 페스티벌을 보러 가는 거냐고 물었다. 베로나 오페라 페스티벌? 매해 7~8월 베로나에선 오페라 페스티벌이 열리는데 그 축제가 너무 좋아 일부러 그때에 맞춰 베로나를 찾는 사람이 많다고 한다. 친구 말을 듣고 찾아보니 과연 우리가 방문하려고 계획한 때와 베로나 오페라 페스티벌 기간이 딱 일치했다.

베로나 원형 경기장에서 베르디의 오페라를 보게 된다니. 그것이 얼마나 특별한 일인지도 모르고 공연 관람의 행운을 잡은 것만이 감사했다. 고퀄리티 문화생활을 이렇게 손쉽게 경험한다는 게 부끄러웠다.

밤 9시에 시작한 베르디의 〈리골레토〉는 밤 12시가 넘어서야 끝났다. 뻥 뚫린 원형 경기장 한가운데에 앉아 공연 중간중간 코끝을 스치는 바람에 고개를 들어 보니 수없이 많은 별들이 금방이라도 얼굴에 쏟아질 듯 밤하늘을 가득 메우며 반짝이고 있다. 이렇게 별들이 선명하게 반짝이는 하늘을 얼마 만에 보는 것인지. 공연 막바지, 같은 지구에 살며 누구는 매일 이런 하늘을 볼 수 있고 누구는 그럴 수 없다는 게 괜스레 야속하게 느껴지는, 〈리골레토〉 내용과는 전혀 관계없는 엉뚱한 생각이 드는 것이었다.

자연……. 사람이 행복을 느끼는 데 자연과 환경이 얼마나 큰 영향을 미치는지 이 사람들은 과연 알고나 있을까. 베로나의 밤하늘은 몹시 아름다웠다.

이튿날 아침, 단아하면서도 품위 있는 작은 도시 베로나를 구석구석 걸으니 〈레터스 투 줄리엣〉의 주인공 소피가 홀로 이 돌담길을 걷다 줄리엣의 집에 발길을 멈추게 된 장면이 하나하나 떠올랐다. 언젠가부터 유럽 도시에 갈 때마다 그 도시의 길거리 수채화를 사 모으는 취미가 생겼는데 여기에서도 딱 마음에 드는 베로나 수채화를 찾았다. 한 손엔 엄마가 고른 수채화 두 장을 들고 엄마와 팔짱을 낀 채 행복에 겨워 나도 모르게 발걸음이 가벼워졌다.

피에트라 다리(Ponte Pietra)를 건너 아름다운 베로나를 한눈에 담을 수 있는 언덕에 오르면 로마 극장과 고고학 박물관이 있다. 거기에서 더 위쪽으로 산피에트로성(Castel San Pietro)에 오르면 내 손에 든 한 폭의 수채화와 꼭 닮은 베로나 풍경을 감상할 수 있다.

'순간을 살자'는 말을 외치며 사는 지금, 오랜만에 〈레터스 투 줄리엣〉의 대사를 떠올리며 걷는다. 영화와 현실을 넘나들며 베로나에서 보낸 시간들은 아마도 오래도록 짙은 추억으로 남을 것 같다.

part 3
인생이라는 여행을 마치는 순간

hommage

사랑한다는 말이 주는 위안

내게 너무나 소중했던 사람, 외할머니와 이별을 겪으며 엄마와 딸의 관계가 갖는 그 무수히도 많은 의미에 대해 조금이나마 알게 되었던 것 같다.

태어나 가장 가까운 사이가 되었다 조금씩 멀어질 수밖에 없는 사람. 그녀의 발자취에 한 걸음 한 걸음 가까이 다가갈수록 그녀를 더 이해하게 되고 그렇기에 더 그리운, 세상에 하나뿐인 사람. 내가 존재하는 한 늘 깊어지는 이해로 함께할 수밖에 없는 사람. 엄마.

영원히 고맙고 그립고 미안한, 그런 사람.

지금보다 더 어렸을 때 아빠가 아버지와 이별하는 모습, 엄마가 아버지와 이별하는 모습을 봤다. 하지만 엄마가 엄마와 영원히 이별하는 모습을 곁에서 지켜본다는 건 정말이지 딸로선 너무도 가슴 아픈 일이었다. 할머니는 장수했고 생전에 아름다웠던 모습 그대로, 가장 우리 할머니답게 떠나셨다. 웬만해선 눈물을 잘 보이지 않는 엄마의 눈물. 갑자기 모든 걸 다 잃고 홀로 남은 아이처럼 힘이 다 빠진 쓸쓸한 엄마의 표정. 할머니와 유독 가까웠던 나도 마음을 추스르기 어려웠지만 엄마의 그런 모습을 보는 게 더 가슴을 후비는 듯 아팠다.

외할머니와 손녀딸은 좀 특별한 관계인 것 같다. 아마도 엄마와 딸의 관계 때문이 아닐까. 외롭거나 기대고 싶을 때 나는 늘 할머니 생각을 했다. 언제나 무슨 일이 있어도 할머니는 내 편이었다. 어렸을 때에는 외갓집에 가서 몇 달씩 살았을 뿐 아니라 수시로 놀러 가서 자고 오곤 했다. 할머니가 우리 집에 들렀다 갈 때가 되면 어린 나는 할머니를 따라가겠다며 즉흥적으로 짐을 싸 따라나서는 일도 빈번했다. 아마 동생이 생기고 내게만 쏠렸던 엄마 아빠의 사랑이 분산된다는 걸 처음으로 느꼈을 때 어린 마음에 할머니의 사랑만큼은 온전히 내 거라는 믿음이 있었던 것 같다.

사랑은 이심전심이라고 하지 않았던가. 할머니의 사랑을 많이 받았기에 그 말이 곧 내 마음 같았다. 할머니가 집에 계시는 마지막 날이 되었던 그 겨울 늦은 밤, 나는 대야에 물을 받아다 할머니의 부은 발을 씻겨드렸다. 할머니는 유독 흐뭇하고도 슬픈, 그러면서도 아련한 눈길로 나를 지그시 바라보며 웃었다.

"할미 생각을 끔찍이 해서……."

할머니는 내 마음을 잘 아는 것 같았다. 내 마음이, 내 진심이 사랑하는 누군가에게 잘 전달되었다는 걸 확인할 때면 나는 다른 어떤 걸로도 대체할 수 없는 안도감이 든다.

삶과 죽음에 있어 가장 큰 차이는 대화가 있고 없음이 아닐까. 할머니와의 이별을 통해 대화의 부재가 우리에게 얼마나 큰 공허함과 답답함을 가져다주는지 잘 알게 되었다. 할머니와 대화하고 싶은데 대화할 수 없고, 할머니의 목소리를 듣고 싶은데 들을 수 없고, 할머니의 표정을 확인하고 싶은데 확인할 수 없는.

'가요무대'나 일일 드라마 외에도 정치, 스포츠 등 다방면으로 관심이 많았던 할머니는 손녀딸과 나눌 얘깃거리가 많았다. 되풀이되는 할머니의 이야기를 들을 때마다 즐거웠다. 스무 살, 혼례식 날이 되어서야 평생의 반려자인 외할아버지를 처음 봤다는 할머니 얘기에 나는 까무러치게 놀라며 "할머니, 어떻게 그게 가능해요?" 하고 물었다. 할머니는 내 반응이 귀엽다는 듯 "상상이 안 가지?" 하고 웃더니 그때에는 부모가 혼례를 정하고 당사자들은 혼례 당일이나 되어서야 만나는 경우가 많았다고 했다. 그렇게 만난 외할아버지와의 결혼생활, 3남 2녀 다섯 남매를 키우며 있었던 크고 작은 일화들. 나는 할머니와의 수다를 통해 맨 위로 열세 살 터울의 언니와 오빠 셋에 이어 막내로 태어난 엄마의 어린 시절 얘기를 자주 들을 수 있었다.

시간이 흐를수록 신기하게도 할머니에겐 최근의 기억보다 옛날 기억이 점점 더 선명해지는 것 같았다. 할머니가 시집가기 전 살던 수원 친정 시절부터 할머니의 아버지와 어머니, 심지어 할아버지 이야기까지. 편찮으신 할머니는 그동안 잠시 잊고 살았던 당신의 어린 시절을 그리워했던 것 같다.

누구의 아내도, 누구의 엄마도 아닌 온전히 자신이었던 시간. 우리 할머니도 누군가의 어여쁜 딸이자 손녀였다.

할머니의 시간이 흐를수록 옛날이야기는 두서없이 계속 반복되었다. 그렇지만 나는 정말이지 할머니와 마주 앉아 그런 얘기를 들을 수 있다는 사실이 그저 감사하기만 했다.

큰 수술을 앞두고 한동안 할머니는 저녁때면 거의 매일같이 내게 전화를 했다. 그날도 여느 날처럼 수화기 너머로 이런저런 얘기를 듣다가 불쑥 내 가슴에 박혔던 말.

"그래도 할머니는 우리 가영이 같은 손녀딸이 있어서 너무 행복해……."

할머니는 당신에게 시간이 얼마 남지 않았다는 걸, 그래서 전해야 할 말을 지금 해야 한다는 걸 알고 계셨던 것일까. 할머니의 해맑은 이 말 뒤에는 겉으로 드러내고 싶지 않은 두려움이 있다는 걸 알았기에 나는 그날 밤 참 많이도 울었던 것 같다.

영원할 것만 같던 것들이 얼마 남지 않았다는 걸 직감할 때. 지나온 시간보다 남은 시간이 더 짧다는 걸 느낄 때. 사랑하는 사람과 영원한 이별을 준비해야 한다는 예감이 들 때. 심장에 점점 멍이 드는 듯 가슴이 아려온다. 살아 있는 동안 사랑을 많이 표현하는 것. 내 마음을 누군가에게 전달하는 것. 그것이 얼마나 중요한 일인지 할머니와의 이별을 겪으며 깨달았다.

할머니는 아름다운 것들에 설레는, 만년 소녀처럼 고왔다. 그러면서도 내적으로는 그 누구보다 강인하고 올곧았다. 부족하지 않은 환경에서 나고 자라 그 시절엔 보기 드문 멋쟁이였음에도 불구하고 세수할 때에는 세면대에 꼭 물을 받아놓고 씻었고 티슈를 쓸 때에는 반으로 잘라 한쪽은 핸드백에 접어 넣고 남은 한쪽만 쓸 정도로 평소 검소함이 몸에 밴 분이었다.

언제까지나 천하를 호령할 듯 꼿꼿하고 당당하던 할머니는 급격히 쇠약해졌다. 할머니가 많이 위독하다는 연락을 받고 병원으로 달려가 할머니를 본 순간, 나는 나도 모르게 눈물부터 왈칵 쏟아졌다. 산소호흡기를 단 할머니는 막 들어선 우리와 눈이 마주치자 무언가 말씀을 하시는데 우리는 잘 알아들을 수가 없어 답답해 미칠 것만 같았다. 예전 수술 후 할머니와 의사소통이 어려웠을 때 자신의 말을 가장 잘 알아듣는 건 '우리 손녀딸'이라고 했다. 할머니는 지금 무슨 말을 하고 싶은 것일까.

"할머니……. 할머니, 사랑해……. 할머니, 너무너무 사랑해……."

나는 좀처럼 떨어지지 않는 발걸음을 옮겨 누워 계신 할머니에게 다가가 그녀를 끌어안았다. 사랑한다는 말이 저절로 튀어나왔다. 할머니가 하고 싶던 말도 결국 사랑한다는 말이 아니었을까. 이 말을 못 해드리면 나는 남은 평생 후회할 거란 생각이 들었다. 할머니 손을 잡은 내 두 손이 파르르 떨렸다. 그러자 할머니는 힘겹게 손을 들어 내 볼에 대시고는 살며시 미소를 띠었다. 그리고 산소호흡기 사이로 아주 가느다랗게 떨리는 목소리로 말씀하셨다.

"사랑한다……."

할머니는 며칠 후 엄마의 손을 잡고 계시는 중에 말없이 우리 곁을 떠나셨다.

믿고 싶지 않지만 누구에게나 시간은 한정되어 있다. 그래서 사랑은 표현할 수 있을 때 표현해야 한다.

한동안 할머니 얘기를 꺼내는 것만으로도 슬퍼지는 엄마의 눈을 차마 마주 볼 수가 없어 나는 할머니 얘기를 꺼내지 않았다. 시간이 좀 지나자 어느 날 엄마가 내게 말했다.

"엄마 마음이 너무 힘든데……. 그래도 딸들이 있어서 위로가 많이 돼. 정말 다행이야, 너희가 있어서……. 고맙다……."

여전히 나는 매일같이 할머니가 그립다. 엄마와 난 할머니 사진을 자주 꺼내 보곤 한다. 사진을 보면 대부분이 특별한 날 또는 여행 가서 찍은 것들이다. 그래서 여행이 더 소중하다. 사무치게 그리운 사람의 모습을 남겨주니까.

스페인

part 4
언제라도 행복을 되찾을 수 있는 곳

Spain

지치는 일, 가슴 아픈 이별, 치유가 필요한 타이밍에 우리는 누구나 한번쯤 꿈꾸는 길, 산티아고 성지 순례길로 유명한 스페인 북부로 여행을 떠났다. 몇 년 전, 스페인 남부 여행의 여운이 참 오래갔었다. 그래서 그 어느 때보다 위로가 필요한 때 엄마와 다시 스페인 여행을 계획하게 되었다.

나는 늘 지도를 펼쳐놓고 각 나라의 땅 모양을 볼 때마다 그 나라의 성향을 상상해본다. 스페인의 경우 상상 속 느낌과 실제 느낌이 거의 흡사한 나라였다. 면적은 유럽 전체의 4분의 1 정도로 삼면이 바다로 둘러싸여 있어도 널찍하며 기후마저 온화하다. 한마디로 복을 타고났다. 길고 좁은 이탈리아는 아기자기하고 복닥거리는 매력이 있다면 스페인은 느긋한 일상 속으로 여행자의 마음을 편안하게 품어주는, 좀 격이 다른 매력이 있다고 해야 할까. 아마도 스페인이 본래 가지고 있는 조건이 훌륭하다는 장점에서 비롯된 그들의 유한 성격 같았다.

스페인을 사랑했던 어니스트 헤밍웨이에 따르면 다정한 몸가짐과 위엄 있는 행실은 스페인에서 가장 높이 평가받는 덕목으로 용기보다 더 중요하게 여겨졌다고 한다. 아마도 오랜 세월에 걸쳐 몸에 밴 스페인 사람들의 이런 몸가짐과 행실이 이방인을 대할 때에도 그대로 드러나는 것 같다.

아랍을 품은 안달루시아 지방의 매혹

세비야 Sevilla

마드리드에서 AVE 기차를 타고 두 시간 정도, 창밖 양지바른 올리브밭을 구경하다 보면 어느새 세비야에 도착한다. 온화한 기후에 길 양옆으로 훤칠한 야자수가 많이 서 있는 이 아랍풍의 작은 도시는 벌써부터 매혹적이다.

시내 한가운데에 있는 세비야 대성당(Catedral de Sevilla)은 바티칸의 성 베드로 대성당과 런던의 세인트 폴 대성당에 이어 세계에서 세 번째로 큰 성당으로 유네스코 세계 문화유산이자 '죽기 전에 꼭 봐야 할 세계 역사 유적 1001' 중 하나로 손꼽히는 명소다. 성당 내부에서 연결된 히랄다 탑(Giralda Tower) 34층 꼭대기에 올라 내려다본 세비야의 모습은 정말 잊을 수가 없다. 파란 하늘에 하얀 지붕들. 히랄다 탑은 12세기 말 이슬람교도 아르모아드족에 의해 만들어졌다. 본래는 이슬람 사원 첨탑이었다. 훗날 기독교인들이 플라테레스코 양식의 종루를 설치하면서 탑의 이름을 풍향계를 뜻하는 히랄다로 불렀다고 한다.

이 탑이 지어질 무렵에는 왕이 마차를 타고 올라갈 통로가 필요했기에 정확히 마차 한 대가 다닐 만한 넓이의 사각형 탑을 계단 없이 빙빙 돌며 올라가게 해놨는데 중간쯤 다다르면 현기증이 난다.

엄마는 멀미가 나고 다리가 후들거린다며 올라가는 속도가 늦어졌다. 그래도 포기하지 않았다. 엄마 손을 붙잡고 천천히 끝까지 올라 만난 세비야의 첫인상은 현기증에 대한 충분한 보상, 그 이상이었다.

"저기가 콜럼버스 무덤이래."

"콜럼버스? 신대륙 발견한 그 크리스토퍼 콜럼버스 말이야?"

내가 조금 뜬금없다는 표정을 짓자, 엄마는 성당 내부에 사람들이 줄지어 선 곳을 가리킨다. 예습을 끝낸 역사 박사 엄마의 설명이 이어진다.

콜럼버스는 원래 스페인 사람이 아니다. 그는 이탈리아 서부의 작은 항구도시인 제노아 출신이다. 그런 콜럼버스가 왜 이 스페인의 세비야 대성당에, 그것도 스페인의 왕들이 직접 그의 관을 어깨에 메고 있는 독특한 형상으로 안치되어 있는 것일까? 콜럼버스가 스페인 여왕 이사벨 1세의 후원을 받고 항해를 떠나 신대륙을 발견했다는 이야기는 교과서에 나오는, 모두가 다 아는 이야기일 것이다. 그런데 스페인 중에서도 유독 세비야와 콜럼버스의 인연이 깊었다는 건 이 여행을 통해 알게 된 새로운 사실이었다.

크리스토퍼 콜럼버스는 세 차례의 거듭된 항해에도 불구하고 일확천금의 꿈을 끝내 이루지 못한 채 55세를 일기로 짧은 생을 마감했다. 많은 이들의 후원 속에 떠나 첫 항해를 마치고 돌아왔을 때의 환대와 달리 그의 말년은 초라하고 쓸쓸했다. 시간이 지나 스페인 정부의 지원도 끊긴 그는 왕실의 온갖 멸시와 냉대를 감내해야 했다. 첫 항해 전 충성을 맹세하고 신대륙에 도착해 가장 먼저 스페인 왕실의 깃발을 꽂고 그 땅을 왕에게 봉헌했던 콜럼버스는 '죽어서도 스페인 땅은 절대 밟지 않겠다'는 유언을 남길 정도로 스페인 왕실에 대한 배신감이 컸다. 그의 장례식 때 왕실 사람은커녕 단 한 명의 귀족도 조문하지 않았다고 하니 콜럼버스와 스페인 왕실의 앙금이 어땠는지

짐작할 만하다. 하지만 이후 신대륙 대부분이 스페인의 식민지가 되었고 그로 인해 수많은 자원이 스페인으로 유입되면서 16세기 스페인은 유럽 최강국으로 발돋움하게 된다. 당시 세비야는 신대륙 물자가 쏟아져 들어오는 창구였으니 스페인을 넘어 전 유럽에서 가장 번화한 도시가 되었던 것이다. 훗날 세비야는 콜럼버스에게 진 이 '빚'을 갚기 위해 세계에서 세 번째로 큰 세비야 대성당에 스페인이 통일되기 전 네 가톨릭 왕국인 카스티야, 아라곤, 레온, 나바라의 왕이 직접 관을 메고 서 있는 모습의 무덤을 이례적으로 만들게 된다. 스페인으로서는 이렇게 왕들이 직접 받들어 모셔야 할 만큼 대단한 업적을 남긴 사람이라는 존경을 표한 셈이다. 그가 생존해 있을 때 냉대한 걸 뉘우치기라도 하듯 맨 뒤에 서 있는 왕은 고개를 푹 숙이고 있다. 이처럼 콜럼버스의 유해는 그의 유언대로 스페인 땅에 닿지 않도록 네 왕이 관을 메고 있는 형상으로 설치한 것이다.

세비야의 황금시대를 열어젖혔던 상징적 존재인 콜럼버스는 이렇게 세비야 대성당에 남아 후세에 알려지고 있다.

후대로 가면서 재평가되는 역사를 우리는 많이 경험한다. 모든 인생사가 그럴 테지만, 그 어떤 사실도 우리가 교과서에서 배운 것처럼 단 몇 줄로 요약, 일차원적 평가를 내릴 수 없다. 아니, 사실 누가 어떤 인생을 축약적으로 평가할 수 있단 말인가. 모든 일엔 양면이 있고 우리가 아는 게 전부가 아닐 수 있으며 또 관점에 따라서 평가가 달라지기 마련이니 말이다.

지금 우리가 굳건히 믿고 있는 사실조차도 이건 이렇다 하고 함부로 단정할 수 없는 것들이 많다. 세상에 진실은 하나라고 하지만 보는 시각에 따라 둘일 수도 있고 그 진실이 꼭 필터 하나 없는 진실이라는 보장 또한 없기 때문이다. 결국 역사는 이긴 자의 것이란 말이 있듯이 모든 인물이나 사건은 어떤 관점으로 보느냐에 따라 해석이 달라지는 것이다.

물론 많이 보고 많이 듣는 것이 중요하지만, 그것보다는 이리저리 휩쓸리지 않고 내 주관과 가치관대로 판단할 수 있어야 한다는 것이 더 중요하다는 것을 처음 콜럼버스의 이야기를 접하며 다시금 돌이켜본다.

앞쪽 두 왕의 발이 유독 반질반질하다. 발을 만지면 소원이 이루어진다나? 한쪽 발을 만지면 돈을 많이 벌게 되고, 다른 쪽 발을 만지면 사랑하는 사람과 세비야에 다시 오게 된다. 엄마는 처음엔 남편과 그다음엔 딸내미와 다시 왔으니 소원이 이루어졌다며 "내 소원이 이루어졌으니 너도 한번 믿어봐!" 하고 웃는다.

세비야 대성당 바로 옆에 위치한 알카사르(아랍어로 궁전이란 뜻)는 지금도 전 세계 이슬람 문화권에서 최고의 걸작으로 손꼽을 만큼 그 아름다움과 화려함을 자랑하는 건축물인데 아랍과 유럽이 묘하게 교차하는 특유의 분위기가 정말 장관이다. 지배당했던 아랍의 문화까지 자신의 것으로 승화시키는 스페인 문화가 더욱더 대단하게 느껴진다.

세비야의 밤거리는 낭만적이다. 따뜻한 노란 불빛 아래 아랍의 분위기가 얹혀 있는 유럽의 작은 도시. 스페인 광장 중 가장 아름답다는 세비야 스페인 광장은 낮에는 물론 저녁에도 야경을 감상하며 산책하기에 훌륭한 곳이다. 엄마와 팔짱을 끼고 도란도란, 우리만의 이야기를 나누다 보니 광장을 거니는 시간도 덩달아 예쁘다.

엄마도 나도 그날 먹었던 저녁을 잊지 못한다.

스페인의 큰 매력 중 하나는 음식 문화다. 길을 가다 아무 식당이나 들어가도 실패율이 낮다. 'Eslava'라는 아주 조그만, 골목 안쪽에 있어서 찾기도 어려운 곳을 스페인 친구를 통해 알게 되었다. 타파스 식당인데 꿀소스 뿌린 돼지갈비, 계란 얹은 미니 햄버거 등 처음 보는 특이한 타파스가 많다. 페어링 와인에 분위기며 맛이며 가장 중요한 가격까지! 그렇게 배불리 먹고도 20유로가 안 되는 착한 가격에 엄마와 난 팁을 더 준다 한들 하나도 안 아깝다며 한껏 상기된 만족스러운 표정으로 식당을 나섰다. 스페인 사람들이 일반적으로 저녁을 먹는 시간인 8시 반이 지나서 그런지 사람들이 식당 문밖에 바글바글 줄지어 서 있다.

스페인 여행이 모두 끝나고 나서, 지금까지도 기억에 남는 곳 중 하나. 스페인 여행을 더 특별한 추억으로 만들어준 곳. 세비야에 간다면 여기는 무조건 들러야 한다.

헤밍웨이가 사랑한 도시

론다 Ronda

당장이라도 스케치북과 연필을 꺼내 눈앞에 펼쳐진 이 자연을 그리고 싶다. 수채화 같은 길. 세비야에서 론다로 가는 길은 유럽 자동차 여행을 꽤 많이 한 내게 잊히지 않는 가장 아름다운 잔상처럼 여전히 눈에 선하다.

누에보 다리(Puento Nuevo)에 석양이 지는 시간에 맞춰 도착했다. 론다에 대한 평가는 취향에 따라 각기 다르다. 대도시보다 자연이 아름다운 소도시를 더 사랑하는 엄마와 난 론다가 마냥 좋았다. 별달리 할 것 없는 심심한 시골 동네라는 생각이 들 수 있겠지만, 누에보 다리에서 바라본 석양은 더할 나위 없이 환상적이었고 새벽녘 일어나자마자 테라스로 나가 만난 론다의 아침은 시시각각 총천연색으로 달라졌다. 이 작은 동네의 매력은 차고도 넘친다.

헤밍웨이가 스페인 도시 중 가장 사랑한 도시가 바로 이 론다다. 그는 오래도록 론다에 머물며 집필 활동을 한 것으로 알려져 있는데 '만약 허니문이나 애인과의 도주가 론다에서 성공할 수 없다면 차라리 파리에 가서 친구를 사귀는 것이 낫다(《오후의 죽음》).'고 했다. 시인 릴케도 '나는 꿈의 도시를 찾아 헤맸다. 그러다 마침내 찾은 곳이 바로 론다였다.'고 했다.

차분한 분위기의 누에보 다리 입구와 다르게 도시는 골목골목 활력이 넘쳤다. 나는 처음 보는 종의 강아지에 시선을 빼앗겼다. 그러자 주인아저씨가 어디에서 왔느냐고 반갑게 인사를 하며 다가와 함께 사진을 찍자고 한다. 정감 어린 시골 동네에 오니 경각심이 풀어진다. 이런 기이한 협곡 위에 도시를 만들다니, 자연과 문명이 어우러진 장관이 경이롭기 그지없다.

스페인 사람들처럼 여유롭게 식사를 즐길 수 없는 여행자이지만 느긋한 사람들에 둘러싸여 있으니 나까지도 마음이 느긋해진다. 이래서 같이 사는 사람, 함께하는 사람, 그리고 문화적 특성이 중요하다고 하는가 보다.

론다에서 말라가 해변을 거쳐 그라나다로 가는 날, 마르베야 바누스 항구(Marbella Puerto Banus)에 들렀다. 동양인이 드물었다. 한 식당에 들어갔더니 주인이 어디에서 왔느냐며 먼저 말을 걸었다. 한국에서 왔다고 하니 대뜸 '강남 스타일' 춤을 추고는 노래까지 틀어준다. 세상에. 갑자기 훅 끼어든 상황에 웃음보다는 눈으로 직접 보는 광경이 그저 신기할 따름이었다. 2012년 10월, '강남 스타일'이 해외에서 인기가 높다는 건 익히 들어 알고 있었지만 스페인 말라가 해변에서 이 노래를 듣게 될 줄은 정말 꿈에도 몰랐다.

이렇게 유명해진 노래 한 곡이, 한국 사람의 어깨를 으쓱하게 해주니 마냥 반갑고 기쁘다.

RONDA
A LOS
VIAJEROS ROMÁNTICOS

DAVID SEATON
OBRA NUEVA

쇼팽과 상드의 사랑의 도피처

마요르카 Mallorca

마요르카는 스페인 여행 중 가장 기대가 큰 곳이었다.

지중해 서부에 위치한 스페인령 발레아레스 제도 중 가장 큰 섬. 스페인 왕실의 여름 별장이 있는 섬이자 스페인과 독일, 영국 등 유럽인의 인기 휴양지 중 하나로 '지중해의 천국'이라고 불릴 만큼 아름다운 풍경을 자랑한다.

"엄마 여기는 또 오고 싶다! 나중에 너, 남편이랑 애들 데리고 오면 엄마도 따라와서 애들 봐줄게. 엄마 꼭 데리고 와줘!"

다른 데 갔을 때에는 내가 여기를 언제 또 오겠냐며 기운 빠지는 소리만 하던 엄마가 마요르카를 보자마자 다시 오겠다는 의욕을 불태운다. 20대이건 50대이건 지금 이곳에 있으면서도 언젠가 다시 또 오고 싶은, 마요르카는 그런 곳이다.

산타 마리아 팔마 대성당(Catedral de Santa Maria de Palma)이 있는 팔마 지역이 마요르카의 중심부다. 스페인 지중해의 바다색은 파란색과 하늘색, 초록색 등 다양한 스펙트럼을 넘나들며 다채롭고 신비로운 빛깔을 뿜어낸다. 오래된 도시 성벽을 따라 팔마 대성당과 알무다이나 궁전(Palacio de la Almudaina)을 모두 볼 수 있는 최고의 장소인 바다공원(Parc de la Mar)에는 마요르카에서 생을 마감한 현대 미술가 호안 미로의 작품이 있다. 미로의 걸작 중 하나인 〈블루 연작〉을 보며 '이런 바다색에 둘러싸여 살았으니 작품에도 자연스레 이런

색감이 표현되었던 거구나.' 싶은 생각이 든다. 현실적으로 다가오지 않았던 색감, 상상 속 바다색인 줄로만 알았던 색감이 실제 존재하는 색감이었던 것이다.

팔마 대성당에 가우디가 제작한 소성전이 있다는 건 여행 전에 미처 알지 못했던 사실이었기에 깜짝 놀랐다. 성당 중앙 천장에 샹들리에처럼 매달린 십자가 틀도 가우디가 건축한 바르셀로나 사그라다 파밀리아 성당의 것과 똑같았다. 역시 가우디, 어떻게 이렇게 소성전을 꾸밀 생각을 했을까.

팔마 시내에도 구경거리가 많지만 쇼팽과 조르주 상드가 1838년 사랑의 도피처로 삼았던 발데모사(Valldemossa)는 마요르카를 훨씬 더 특별하게 만들어주는 곳이다.

쇼팽은 1835년 독일 드레스덴으로 건너가 오랜 친구였던 폴란드 출신의 보드진스키 가족을 만나게 되는데 그 가문의 딸인 16세 소녀 마리아와 사랑에 빠지게 된다. 그녀는 쇼팽의 첫사랑이었다. 그러나 쇼팽의 건강이 좋지 못하다는 소문을 들은 보드진스키 부인의 반대로 둘의 결혼은 좌절하게 된다. 크게 상심한 쇼팽은 이듬해 파리로 돌아가 문학 하는 친구들과 어울리며 열정적이고 자유분방한 여류 소설가 조르주 상드를 만난다. 상드는 쇼팽보다 여섯 살 연상에 아이가 둘 있는 이혼녀였다. 건강이 좋지 않은 쇼팽은 그녀의 모성애적인 돌봄을 받게 되고 두 사람은 결국 사랑에 빠진다. 처음에는 마리아에 대한 애정, 그리고 세간의 소문에 대한 두려움으로 망설였지만 쇼팽은 상드와 두 아이를 데리고 겨울을 보내기 위해 마요르카섬으로 건너간다. 그녀의 극진한 보살핌으로 그는 생애 최고의 걸작을 쓸 수

Chopin
ART
OF
CHOPIN
F. Chopin
George Sand
UN INVIERNO
EN
MALLORCA
GEORGE SAND
Un
Hiver
à
Majorque
ЖОРЖ
САНД
ЗИМА
НА
МАЙОРКЕ
GEORGE SAND
A
Winter
in
Mallorca
GEORGE
SAND
ZIMA
NA
MAJORCE

있었다. 하지만 행복한 시간도 잠시, 결핵을 앓던 쇼팽의 병세는 점점 악화되어갔고 이들의 관계는 신앙심이 강한 보수적인 발데모사 사람들에 의해 철저히 냉대를 받는다. 이는 결국 쇼팽의 작품 활동에 지장을 주게 되는데, 사람들은 쇼팽에게 결핵을 비롯한 다른 질병에 전염될까 봐 그의 피아노조차 옮겨주려 하지 않을 정도였다. 상드는 즉시 그곳을 떠나야만 쇼팽의 생명을 건질 수 있다는 걸 깨닫고 마르세유의 훌륭한 내과의들에게 도움을 청한다. 그런 그녀의 보살핌으로 쇼팽의 병세가 호전되는 듯했으나 우울증까지 점점 더 심해져 결국 두 사람은 9년 만에 이별하게 된다.

이런 속사정 때문일까. 발데모사에는 상드가 쓴 《A Winter in Mallorca》라는 책을 관광 상품으로 팔고 있었지만 아이로니컬하게도 이 책에는 마요르카의 아름다움이 아닌 마요르카 사람들에 대한 부정적 인상이 표현되어 있다. 이와 다르게 쇼팽은 건강이 좋지 않았음에도 불구하고 마요르카에서 굉장히 많은 곡을 쓴 것으로 알려져 있는데 〈빗방울 전주곡〉을 비롯한 다수의 명곡이 그들이 머물렀던 발데모사 카르투하 수도원에서 완성되었다.

나는 여섯 살 때부터 피아노를 배웠다. 처음엔 엄마의 반강요에 의해 배우기 시작했지만 피아노 치는 걸 줄곧 좋아했다. 쇼팽의 〈녹턴(야상곡) 2번〉을 끝으로 피아노를 그만두었다. 어렸을 적엔 장래희망란에 피아니스트라고 적어넣곤 했다.

내 자신과의 연결 고리를 찾으며 하는 여행은 큰 것이든 작은 것이든 모두 내 것으로 만들어준다. 발데모사 쇼팽 기념관에서 한 피아니스트가 때마침 연주한 〈녹턴(야상곡) 2번〉이 내겐 그랬다.

3

집집마다 대문을 보면, '우리를 위하여 기도하소서(Pregue per nosaltres)'라는 문구와 함께 이 마을의 수호 성녀 산타 카탈리나 토마스(Santa Catalina Thomas)의 이야기가 타일로 붙어 있다.

많이 걷고, 많이 보고, 감성에 푹 빠졌던 발데모사.

나는 여전히 마요르카가 아쉽다.

엄마 말대로 이곳은 꼭 다시 가고 싶은, 아니 꼭 다시 가야 하는 곳이다.

도시마다 저만의 매력이 넘치는 나라 스페인. 언젠가 다시 여행길에 오른다면 스페인의 작은 도시까지 더 꼼꼼히 둘러보고 싶었다.

그래서 4년 후 우리가 함께 힘들었던 그 시기에 엄마와 난 다시 스페인을 찾은 것이다. 하지만 이번엔 방향을 바꿔 북부로 향했다. 그리고 그 어느 때보다 마음의 위로가 필요했던 때, 산티아고 순례길을 따라가며 그동안 다녔던 스페인과는 전혀 다른 새로운 스페인에 나는 또다시 반해버렸다.

렌터카 여행이니 음악은 필수다. 블루투스가 안 될 것을 대비해 CD를 구워야 하니 플레이리스트를 만들기 시작한다. 센스를 살짝 가미해 엄마와 내가 함께 공감할 수 있는 노래를 골라주면 여행은 더욱 풍성해진다.

음악에 따라 같은 풍경도 전혀 다른 느낌으로 보인다. 여행에선 더

더욱 그렇다. 자동차 여행에 있어 음악은 그만큼 중요하다. 북스페인, 더없이 푸르렀던 바다, 쿠디에로 해안마을로 내려가는데 다섯 번째 트랙에 있었던 엄마와 내가 모두 너무 사랑하는 곡, 김광석의 〈바람이 불어오는 곳〉이 흘러나왔다. 창문을 열고 시원한 바람과 함께 어디까지가 하늘이고 어디서부터가 바다인지 도무지 구별이 안 가는 그 투명한 에메랄드빛 세상을 향해 달리고 있던 차 안에서 느꼈던 그 때 그 순간의 행복감을 지금도 잊을 수 없다.

스페인 왕가의 여름 궁전이 있는 곳

아란후에스 Aranjuez

마드리드에서 남쪽으로 약 40분 정도 떨어져 있는, 작은 도시 아란후에스. 도시 전체가 유네스코 세계 문화유산에 등재되었다. 온화한 기후, 비옥한 평야라는 천혜의 자연환경 덕분에 예부터 스페인 왕가의 여름 궁전이 있는 곳으로 유명하다.

왕가에서 세심한 관심을 기울이며 아란후에스 경관을 보호해온 300년 동안, 아란후에스는 다양한 사고의 변화를 엿볼 수 있는 재미있는 지방이다. 아란후에스의 문화경관은 그 출처가 다양한 여러 문화가 한데 어우러져 새로운 문화경관이 창조된 사례로, 이는 오랜 세월 다양한 문화가 이곳에서 교차되었다는 증거이며, 랜드마크로서의 발전과 조경 창조에 큰 영향을 미쳤다고 한다.

궁전의 방들을 보면 이런 다양한 문화의 영향을 받았다는 걸 고스란히 느낄 수 있다. 방마다 그 느낌이 굉장히 다르다. 스페인 특유의 아랍, 오리엔탈적 느낌이 가미된 방들이 특이한데 한자가 쓰인 그림 등이 걸려 있는 것으로 보아 동양과 활발하게 거래했음을 미루어 짐작할 수 있다.

교류와 침략의 역사까지도 재해석해 자기 것으로 만든 스페인. 그러고 보면 문화란 꼭 한 나라의 것으로만 국한되어 형성되는 게 아닌, 계속해서 창조와 변화를 거쳐 자체적으로 만들어가는 거라는 생각이 든다.

정말 신기하게도, 혹은 운이 좋게도 궁전 내부를 구경하고 나오니 하늘이 거짓말처럼 맑게 개었다. 여행은 뭐니 뭐니 해도 날씨가 중요하다. 날씨에 따라서 도시 전체의 분위기, 또 그에 따라서 여행에 대한 느낌, 기억 등이 모두 달라지기 때문이다. 우려했던 기상청 예보와 달리 너무나 예쁘게 열린 하늘에 감사했다. 특히 유럽은 날씨에 따라 얼마든지 하늘이 새파랗고 투명하기 때문에 하늘을 올려다보는 것만으로도 답답했던 속이 탁 트이는 행복함을 느낄 수 있다.

잊고 있었다. 행복이라는 감정이 굉장한 성취감에서만 비롯되는 것이 아니라는 걸. 어떤 큰 변화나 구실이 있어야만 느낄 수 있는 감정이 아니라는 걸. 아무 생각 없이 그저 바라보는 것만으로도 행복은 그 어딘가에 늘 있었다. 단지 내가 알아보지 못했을 뿐. 여행이 그 사실을 다시 일깨워주기 시작했다.

그래, 여행이 이런 거였지.

정원으로 나가니 엄마가 먼저 나와 벤치에 앉아 있었다. 이유는 모르겠지만 그 순간 멀리서 바라본 엄마는 나의 엄마가 아닌 할머니의 딸이었다. 내가 의지하기만 하는 사람이 아닌 이제는 내게 의지하도록 내 어깨를 내주어야 할 사람. 벤치에 앉아 있는 그녀의 표정이 오랜만에 참 행복해 보였다.

엄마에게 여행은 더 특별하다. 온 얼굴에 나타나는 표정을 보면 알 수 있다.

AVILA

언젠가부터 엄마에게 그런 행복한 표정을 돌려줄 수 있는 여행에 가능한 한 함께하고 싶다는 생각을 했다. 아직도 가볼 곳이 너무 많으니 한 살이라도 더 젊었을 때 보러 다녀야 한다는 엄마의 말을 예전에는 제대로 이해할 수 없었다. 하지만 나 또한 시간을 뚫고 여태껏 살아본 적 없는 엄마의 나이에 도달할수록 여자로서의 삶, 엄마로서의 삶을 더 많이 상상하고 이해하게 되면서 여행이 엄마에게 허락하는 '자유'와 '해방' 그리고 온전히 '나만을 위한 시간과 여유'의 의미에 대해 자연스레 생각하게 되었다.

다른 것도 아닌, 딸과 함께 여행하는 것만으로도 엄마가 이렇게 큰 행복을 느낀다면 나는 내가 온전히 엄마의 딸인 이 소중한 시간들을 '딸 가진 엄마로서의 행복'으로, 엄마에게 최대한 많은 추억을 선물하고 싶어졌다.

스페인 사람들의 가장 '스페인'스러운 마을
친촌 Chinchòn

아란후에스에서 약 한 시간 정도, 예쁜 스페인 들판 길을 지나 정겨운 한 시골 마을에 도착했다.

큰 도시, 화려한 건축물도 보기에 좋지만 정말 그 지방만의 고즈넉한 느낌이 고스란히 묻어나는 이런 소박한 동네가 나는 참 좋다. 쨍하는 햇살 아래 친촌은 뭐랄까. 특별히 눈에 띄게 화려한 볼거리가 있는 것도, 낭만이 있는 것도 아니지만 거칠면서도 자유로운, 아기자기하고 소박하면서도 활력이 넘치는 곳 같다. 가장 '스페인'스러운 마을이라는 표현이 딱 맞는, 그런 마을이다.

마요르 광장(Plaza Mayor)을 가로질러 성당으로 올라가는 길. 내가 좋아하는 골목길이다!

여행을 하며 늘 한국 문화를 생각한다. 이런 옛 정취가 살아 숨 쉬는 골목길을 보면 옛 문화적 발자취가 너무 많이 사라져가는 한국의 획일적 도시화가 안타깝다. 그 장소 고유의 문화적 정체성을 보존하는 것. 유럽인들은 그 중요성을 이미 오래전부터 체득한 것이다.

엄마와 난 친촌 성당에 갔다. 짧지 않은 시간 동안 둘이 나란히 앉아 말없이 고야(Goya)의 〈성모 승천(Asuncion de la Virgen)〉을 바라봤다. 따뜻해졌다.

친촌의 시간은 멈춰 있는 듯했다.

그저 산책 삼아 동네 한 바퀴 돌아볼 여유를 허락하는 자연 그대로의 작은 시골 마을 모습이, 그 어떤 화려함보다도 특별하다.

마법에 걸린 요새 마을

쿠엥카 Cuenca

해발 2,600미터의 고원 지대에 있는 쿠엥카는 강물이 침식하여 생긴 거대 절벽 위의 요새 도시로 '마법에 걸린 마을'이라고도 불린다. 도시 전체가 유네스코 세계 문화유산에 등재되었다. 쿠엥카 성곽도시는 12~18세기에 지은 뛰어난 건축물들과 함께 중세 요새 도시로는 최초의 도시경관을 온전하게 보존하고 있는 이례적인 도시다. 직접 가보면 보존 상태가 뛰어나다는 걸 한눈에 알 수 있다.

쿠엥카 역시 다양한 인종과 문화가 섞이며 발전해온 도시다. 한때는 그 어떤 적의 침입도 허용하지 않는 방어력을 자랑했으나, 12세기 카스티야 왕국에 의해 점령된 후 무어인(8세기경 이베리아반도를 정복한 아랍계 이슬람교도)의 도시 위에 기독교 도시가 세워졌다. 우에카르 강변과 주카르 강변을 굽어보는 가파른 절벽에 세운 '허공에 매달린 집(Casas Colgadas)' 등이 주요한 볼거리다.

16세기에 지은 산파블로 수도원을 개조한 쿠엥카 파라도르 호텔 바로 앞에는 낡은 산파블로 다리(Puente de San Pablo)가 있다. 그 다리를 걷는데 다리가 후들거린다. 다리 위에서 찍은, 필터가 한 방울도 가미되지 않은 쿠엥카의 모습이 내가 찍어놓고도 꼭 거짓말 같아 카메라 화면과 실제 모습을 여러 번 번갈아 봤다. 눈으로 직접 보면서도 내가 지금 어느 시대에 와 있는지 그저 신기할 따름이다.

특별한 웅장함이 없기에 더 좋은 돌담길을 따라 엄마와 난 계속해서 걸었다.

또 점심때를 놓쳤다. 결국 동네 구경을 마치고 호텔로 들어가 한숨 잔다는 게 무리한 스케줄로 인해 다소 피곤했던지 눈을 떠 보니 밤 10시 반. 스페인은 낮잠 자는 시간 때문에 저녁때가 너무 늦다고 불평했었는데 몸이 먼저 스페인 문화에 적응해버렸나 보다. 아무리 그래도 그렇지 오밤중이라니 너무 황당했다. 엄마와 난 할 말을 잃은 채 침대에 멍하니 앉아 서로를 마주 봤다. 그러다 눈을 비비며 웃고 말았다. 그래도 해가 긴 스페인의 5월이라 밤 10시가 넘은 시간인데도 지는 석양을 조금이나마 볼 수 있어 감사했다.

여행 중 이렇게 저녁 시간을 놓친 경우 또는 현지 식이 입에 맞지 않을 때를 대비해 컵라면을 몇 개씩 싸 가지고 다니는데 이런 날에 먹는 컵라면은 정말 그 어떤 것도 따라올 수 없을 만큼 맛있다. 현지에서 맛있는 집을 찾아다니기도 바쁜 요즘에는 10년 전 그리스 여행 때처럼 더 이상 누룽지를 챙겨 다니진 않지만 여행하다 보면 간혹 그때 그 누룽지 꿀맛이 그리울 때가 있다.

아침 공기가 유독 상쾌하다.

이른 아침, 엄마는 호텔에서 무료로 주는 조식이 아깝다며 아침잠이 많은 나를 흔들어 깨운다.

나도 더 어리고 엄마도 더 젊었을 때 나는 조금만 더 자겠다고, 엄마는 빨리 일어나 아침 먹고 학교 가야 한다고 아침마다 실랑이하는 게 일상일 때가 있었다. 엄마로서 짊어진 책임감 때문에 그랬을 것이다. 처음 유학 갔을 때 문득, 엄마의 잔소리가 그리웠다. 처음으로 엄마와 떨어지고 나니 잔소리가 어떤 의미였는지 불현듯 알게 되었다. 언젠가부터 엄마는 아침에 나를 깨우지도, 아침 먹으라고 쫓아다니며 재촉하지도 않는다. 나는 분명 그 모든 순간을 그리워할 날이 올 것이다. 이 모든 순간을 겪는 동시에 그립다는 말이 무슨 뜻인지 잘 아는 나이가 됐기에, 엄마와의 모든 순간이 내겐 너무도 소중하다.

RESTAURA
GUINNESS
GUINNESS

무데하르 예술을 만나다

테루엘 Teruel

무데하르(Mudéjar)란 떠나지 않고 '거주하게 된 자'라는 뜻으로 기독교도에게 재정복당한 마을에 그대로 피지배자로서 사는 이슬람교도를 말한다. 서양의 기독교 전통과 동양의 이슬람 전통이 모두 깃들어 있는 무데하르 양식은 새로운 영토 정복과 식민지화라는 역사적 과정 때문에 시공간적으로 살아남았다.

8세기 초부터 북아프리카의 무슬림에 의해 영토를 점령당했던 스페인은 '레콩키스타(국토 회복 운동)'를 통해 1492년 콜럼버스가 아메리카 대륙을 발견하던 해에 이사벨 1세와 페르난도 2세가 그라나다에서 마지막으로 무슬림을 완전히 몰아내고 국토 회복을 이룬다. 12세기부터 시작된 무데하르 양식은 유럽 전통의 고딕과 로마네스크, 르네상스 양식의 건물에 이슬람 특유의 벽돌과 타일을 사용해 기하학적 문양을 장식한 독특한 건축 양식을 일컫는데 15세기 레콩키스타 후 기독교인들은 여러 가지 이유로 무어인들에게 그들이 살던 영토에 남아 문화와 전통을 지키며 살 수 있도록 허락한다. 스페인에 살던 많은 이슬람교도는 특별세를 내고 테루엘에 모여 문화와 전통을 지켜나가면서 유럽 속 이슬람 양식을 가미한 무데하르 건축물을 남겨놓았다. 그러는 사이 이슬람 예술이 기독교인들을 매혹시켰고 이들은 오랫동안 이슬람 예술을 주제로 문화를 꽃피웠다.

무데하르 예술은 기독교와 이슬람교, 유대교 문화가 지식과 경험을 주고받으며 평화롭게 공존해온 걸 상징한다. 이런 예술 양식은

훗날 가우디 등 스페인을 대표하는 건축가들에게 큰 영향을 미치게 된다. 테루엘의 산페드로 대성당(Iglesia de San Pedro), 산마르틴 탑(Torre de San Martin), 살바도르 탑(Torre del Salvador) 등이 모두 이런 특별한 역사적 배경 속에서 지켜낸 무데하르 건축물들이다.

산페드로 대성당을 실제로 마주하니 마치 영화 세트장을 보는 것 같은 느낌에 눈이 휘둥그레졌다. 진짜를 보고 가짜를 떠올린다는 것이 가벼운 표현일지 모르겠지만, 일부러 꾸밈을 극대화시켜놓은 것처럼 그 어디에서도 보지 못했던 특이한 색채와 모양이 정말 독특한 멋을 자아낸다.

'테루엘이 관광객이 많이 오는 곳이 아니라 이렇게 조용한가?'

한참 북적여야 할 시간인데도 성당 주위에 사람이 별로 없다. 성당 입구를 찾아 아무리 주위를 빙글빙글 수차례 돌아봐도 입구가 보이지 않았다.

'공사 중이라 문을 닫은 건가?'

발길을 돌리기 직전, 마지막이란 생각으로 광장 벤치에 쓸쓸하게 앉아 있던, 누가 봐도 관광객인 한 노부부에게 다가갔다. 그랬더니 세상에, 2시부터 4시까지 성당 문을 닫는단다. 거인 사이즈의 크고 넓은 문이 굳게 닫혀 있어 뒷문이려니 생각하고 그 주위를 연거푸 돌기만 했다. 식당 브레이크 타임은 들어봤어도 성당 휴게 시간은 들어본 적이 없는 것 같은데. 간발의 차이로 들어가는 시간대를 놓쳤던 것이다. 너무 황당해 나는 나도 모르게 그만 입이 딱 벌어졌다. 그런 내 표정을 본 노부부 역시 마치 동지를 만났다는 듯 나의 황당함에 동의한다는 얼굴로 웃는다.

때로는 가장 가까이, 일상을 그곳에서 보내고 있는 사람보다 멀리서 특별한 시간을 할애해서 오는 사람이 더 많다는 걸 알 때가 있다. 한국 사람인 나는 매일 지나다니면서도 가볼 생각조차 하지 않았던 곳을 관광객들은 아주 특별한 곳인 양 경험하고 싶어 하는 것처럼.

실망한 엄마는 커피 한 잔을 마시더니 다시 기운을 내서 열심히 챙겨온 계획표와 지도를 폈다. 사라고사까지 가는 데 두 시간 정도가 걸리니 오늘 보려고 했던 사라고사를 내일 오전으로 미루면 성당을 보고 갈 수 있다. 애초 세웠던 계획에 조금 차질이 생기긴 했지만, 어디 인생이 계획대로 되는 것인가.

할 수 없이 우리는 광장 쪽으로 발길을 돌렸다. 광장 골목골목에는 유난히 하몽 가게가 많았는데 알고 보니 테루엘은 하몽 산지로도 유명한 곳이라고 한다. 하몽에 지명이 붙는 곳은 스페인에서 몇 군데 되지 않는데 그중 한 곳이 테루엘이라고 하니 테루엘 하몽은 스페인의 하몽 중에서도 아주 특별하다.

이윽고 얼추 4시가 다 되어갔다. 어렵사리 테루엘의 대성당에 들어가서는 화려함을 구경하기보다 많은 감사의 기도를 드렸다. 풀, 꽃, 바람, 하늘.

그 순간, '행복'이란 대단한 것에서만 올 수 있는 것이 아니라는 생각이 들었다.

CAJA RURAL DE TERUEL

스페인의 낭만주의 화가 프란시스코 고야의 고향

사라고사 Zaragoza

사라고사는 아라곤 왕국의 수도였던 유서 깊은 고도다. 중심부에 스페인의 수호성모 필라르를 모신 성당이 있어 성모 강림의 전설이 전해오는 도시답게 성모 신앙의 중심지로 발전했다. 마드리드와 바르셀로나의 중간에 위치한다. 스페인에서 다섯 번째로 큰 도시로 그 역사는 기원전 로마 시대까지 거슬러 올라갈 정도로 오래되었다.

기원전 25년 로마의 식민지가 되고, 3세기경 기독교도들이 로마 제국의 박해를 받아 많은 희생자를 내기도 했다는 사라고사는 그 후 이슬람교도의 침입을 받아 400년에 걸쳐 그 지배하에 놓이게 된다. 레콩키스타가 시작된 후 1118년 알폰소 1세가 이 도시를 탈환하여 아라곤 왕국의 수도가 되었지만, 19세기 나폴레옹 군대의 침입으로 당시의 모습을 많이 잃게 되었고 현재의 거리와 건물은 그 후에 재건된 것이다. 그러나 재정 문제와 도시 계획의 실패로 오늘날 사라고사에는 옛 모습이 거의 남아 있지 않다.

스페인의 대표적인 낭만주의 화가 프란시스코 고야의 고향이기도 한 사라고사에서는 그의 생가를 비롯해 곳곳에서 그의 그림을 만나볼 수 있다. 그중 가장 유명한 작품은 성모 마리아의 발현 기적을 기념하여 세운 필라르 성모 대성당(La Basilica Nuestra Senora del Pilar) 돔에 그린 프레스코 천장화 〈레지나 마르티룸(Regina Martyrum, 순교자들의 여왕)〉이다.

TIBUR
HOTEL

전설에 따르면 이곳은 기원후 40년 1월 2일 에브로 강변에 있던 성 야고보 앞에 성모 마리아가 출현하여 기둥을 건네준 곳이라고 한다. 성모 신앙의 성지로 유명한 사라고사에 성모 마리아에게 건네받은 기둥을 보관하기 위하여 지은 사라고사 제2의 성당이 바로 이 필라르 성모 대성당이다. 필라르는 기둥이라는 뜻이다.

필라르 성모 대성당 안쪽에는 순례자들이 입맞춤하는 기둥이 숨겨져 있다. 사람들이 줄을 서서 저마다 작은 공간으로 들어가 기둥에다 입을 맞추며 간절한 기도를 올린다. 나는 아직 간절함이 부족한 탓일까. 정작 내 차례가 왔을 땐 차마 그곳에 입을 맞추지 못하고 손끝만 살짝 대고는 재빠르게 눈을 감고 기도했다.

나중에 엄마에게 어떻게 기도했느냐고 물어보니 "난 그냥 손만 살짝 대고 기도했어."라고 대답한다. 그 말에 한참을 웃었다. 이 사소한 닮음에 역시 엄마 딸 맞네, 하는 소리가 절로 튀어나온다.

성당 밖으로 나와 이 거대한 건축물을 한눈에 담을 만한 곳으로 가서 가만히 서서 보는데 왠지 모르게 가우디의 카사밀라와 구엘 공원이 자꾸만 떠올랐다. 나중에 무데하르 양식이 가우디에게 많은 영향을 미쳤다는 말을 듣고서야 무릎을 탁 쳤다.

'그래서 어딘지 모르게 구엘 공원과 비슷한 느낌이 들었구나!'

스페인 남부, 가우디의 건축물만 봤을 때에는 어떤 건축 양식이라고 할 수도 없는 것이 어디에서 영감을 얻어 지은 것인지 도무지 와닿지가 않았는데 이번 북부를 여행하며 그 답을 찾은 셈이었다. 바로 무데하르 양식이었다.

굉장했을 사라고사의 옛 모습을 잠시 상상해본다. 아라곤 왕국의 모습이 지금은 흔적도 없이 사라졌다는 게 못내 아쉽다.

정체성을 지키기 위한 도시 계획이 얼마나 중요한 일인지. 역사가 깊은 도시일수록 눈으로 확인할 수 있는 문화 건축물을 후대에 그대로 전해준다는 게 얼마나 중요한 의미가 있는 일인지. 왜 바르셀로나 사그라다 파밀리아 성당은 몇백 년째 건축 중인 것인지. 우리는 그저 역사 앞에서 바통을 이어받아 나아갈 뿐, 많은 걸 지켜나가야 할 의무가 있다.

옳은 일이나 그른 일도, 영광스러운 역사나 지우고 싶은 부끄러운 역사, 아픈 역사도 잊지 않고 그로부터 교훈을 얻는다는 것은 오히려 미래 지향적인 일이 아닐까. 우리나라는 수많은 전쟁과 식민지 시대를 거쳐 본래 우리의 많은 것을 잃었다고 하지만, 스페인의 경우 아랍 지배를 받았을 당시 스페인 땅에 세운 아랍인의 문화유산까지도 정부의 정책적 지원 아래 보수하고 보존하여 결국 스페인의 것으로 만들었다.

우리가 누리기만 해서는 안 되는 것, 그것이 바로 문화유산이라는 생각이 든다.

우리가 지금 살고 있는 세상이 거저 주어진 것이 아닌, 수없이 많은 사연과 과정을 겪으면서 전해 내려온 거라는 걸 알고 소중하게 가꾸어간다면 현대인 앞에 더 나은 미래가 기다리고 있지 않을까.

역시 저녁이 또 늦어졌다. 한 애플리케이션에서 추천한 식당을 찾아가는데 생각보다 거리가 꽤 멀었다. 그렇게 한참을 걸어 찾아간 식당은 문이 굳게 닫혀 있었다. 배가 많이 고픈 엄마는 오늘따라 짜증을 냈다. 우리 세대에서는 맛있는 곳을 찾아다니고 음식 사진을 찍는 것이 보편화된 문화로 자리 잡았지만 엄마는 그걸 잘 이해하지 못한다. 아니, 되레 싫어한다. '도대체 음식을 왜 그렇게 찍느냐'며 내가 음식을 앞에 두고 스마트폰을 꺼낼 때마다 못마땅한 눈초리를 노골적으로 보내곤 한다. 젊은 동생과 난 이왕이면 맛집에 가서 먹자는 주의고, 엄마는 간단히 소박하게 배가 찰 정도만 먹으면 된다는 주의다.

'엄마한테 조금이라도 더 맛있는 걸 드시게 하려고 애써 찾은 건데. 내가 가이드도 아니고. 처음 와본 곳인데 내가 뭘 안다고 나한테 짜증을 내는 거야.'

'그냥 근처에 괜찮아 보이는 집 많은데 대충 들어가서 먹지. 얘는 도대체 어디까지 가는 거야?'

내가 찾은 맛집이 성공적이면 큰소리칠 수 있을 거라 내심 기대하며 엄마와 티격태격 우여곡절 끝에 겨우 찾아간 핀초스 바는 대실패였다. 비록 맛집 선정 실패에 따른 불만족스러운 저녁 식사였으나, 원래 모녀 사이가 그렇듯 아름다운 사라고사의 야경을 배경으로 엄마와 난 서로 와인잔을 부딪치며 금세 또 풀어진다. 모녀 사이엔 구체적으로 뭐라 설명할 수 없는 우리만의 언어가 있는 듯하다.

화려한 영화제와 미식의 도시

산세바스티안 San Sebastian

내가 아홉 살, 동생이 여섯 살이었을 때 우리 식구는 2년 동안 미국에 살았다. 그때 엄마와 아빤 포드사의 해치백 왜건 차에 뒷좌석을 거꾸로 눕혀 이불, 베개까지 침대처럼 세팅한 뒤 우리를 태우고 몇 날 며칠 동안 로드 트립을 했다. 옐로스톤 공원, 그랜드 캐니언, 캐나다 나이아가라 폭포까지. 아빠는 운전을, 엄마는 햄버거를 싫어하는 우리를 위해 밥솥을 통째로 놓고 김에 밥을 싸서 아기 참새처럼 입만 벌리고 있는 우리 입에 넣어주기 바빴다.

언제나 남편과 아이들이 먼저였던 엄마. 자신은 늘 뒷전이었다. 내가 어느덧 그때의 엄마 나이가 되고 보니 그때는 미처 알지 못했던 엄마의 사랑과 헌신을 깨닫는다.

지금 생각하면 찡얼대는 어린 두 아이를 데리고 어떻게 그렇게 긴 시간 여행길에 올랐는지. 그런 고생이 성장하는 아이에게 얼마나 멋진 추억이 되고 좋은 영향을 미치는지 부모님은 아셨던 것일까. 우리 가족은 지금도 그때 참 행복했다고 입버릇처럼 말하곤 한다. 1990년대 밥 싸 들고, 지도 펴 들고 여행지를 찾아다녔던 부모님. 우리에게 살아 있는 추억을 하나라도 더 만들어주려 애썼던 부모님. 이제야 새삼스레 감사함을 느낀다.

그때 뒷자리에 타서 경치 구경은 뒤로하고 계속 딴짓을 하거나 잠을 자던 우리에게 아빠는 이렇게 말했다.

"얘들아, 저기 봐봐! 너무 멋지지 않니?"

"저기 옆에 나무 좀 봐! 저렇게 잎이 뾰족뾰족한 나무를 침엽수라 하고, 넓은 나무를 활엽수라 하는 거야. 지대가 높고 추운 곳일수록 이렇게 침엽수가 많아."

"이런 풍경을 앞에 두고 어떻게 잠을 잘 수가 있니! 빨리 일어나 나가서 아빠하고 사진 찍자!"

알 것 같았다. 20여 년 전 아빠의 마음을.

처음 맞이하는 풍경, 운전석에 앉으면 그 경치가 훨씬 더 잘 보인다. 그 경치를 바라보며 달리는 것 자체로도 여행의 감동은 몇 배로 더 크게 와닿는다. 공감. 이 아름다움을 빠짐없이 아이들과 함께 나누고 싶은 것이 부모의 마음이었던 것이다.

팜플로나(Pamplona)에서 산세바스티안으로 가는 길. 달리는 차 안에서 보이는 풍경을 하나도 놓치고 싶지 않았다. 20년 전 아빠가 그랬던 것처럼 이제는 내가 그런다.

“엄마, 옆에 좀 봐봐! 저기 말이야. 정말 그림 같아……. 아름답지 않아? 우리 잠깐 내려서 사진 찍을까?”

대중교통으로 여행했을 땐 미처 느끼지 못했던, 내가 직접 이 길을 가고 있다는 느낌. 운전해서 유럽 여행하기. 한번 맛본 이후엔 그 중독성에서 벗어나기 힘들다.

팜플로나는 프랑스와 교역을 통해 번영을 누렸던 옛 나바라 왕국의 수도이자 소몰이 축제로 유명한 곳. 우리는 헤밍웨이가 자주 들렀다는 이루냐 카페(Café Iruña)에서 커피 한잔을 하며 쉬어 가기로 했다.

“헤밍웨이는 도대체 안 다닌 곳이 어디라니!”

엄마가 불쑥 내뱉은 한마디. 그러고 보니 정말 여행지에 가면 헤밍웨이가 다녀간 곳, 헤밍웨이가 좋아한 곳이라는 말을 유독 많이 듣는다. 전 세계를 누볐던, 진정한 자유로운 영혼이었나 보다.

프랑스 국경 가까이 위치한 산세바스티안은 19세기 합스부르크가의 왕비 마리아 크리스티나가 휴양지로 즐겨 찾은 이후 유명해진 고급 피서지다. 이곳에서는 해마다 국제 재즈 페스티벌과 국제 영화제 등 다양한 행사가 열린다. 6월인데도 산세바스티안의 날씨는 꽤 쌀쌀했다. 바닷가 도시라 그런지 겉옷을 사야 할 지경이었다. 가죽이나 스웨이드 차림, 심지어 파카 차림으로 다니는 사람들과 달리 내 트렁크 안에는 온통 얇디얇은 여름옷뿐이었으니. 역시 날씨 변화가 심한 유럽을 여행할 때에는 두꺼운 옷 하나쯤은 필히 갖고 다녀야 한다는 걸 또 간과했다.

산세바스티안이 아름다운 것은 라콘차 해변(Playa de la Concha) 때문이다. 콘차는 조개껍질이란 뜻으로 우르굴 언덕과 이겔도 언덕 사이에 낀 아름다운 초승달 모양의 둥근 해안이다. 콘차 해변의 모습을 한눈에 담을 수 있는 곳이 바로 이겔도 언덕이다.

짙푸른 산세바스티안의 바다를 내려다보니 가슴이 벅차다. 바다를 보는데도 이미 아쉽고, 벌써 다시 오고 싶은 곳. 눈에 보이는 걸 사진에 다 담을 수가 없어 아쉬우나마 이쪽저쪽에 대고 카메라 셔터만 연신 눌러댔다.

그때 바다를 내려다보는 노부부의 모습이 시야에 잡혔다. 아름다웠다. 할머니에게 하나하나 가리키며 자세히 설명해주는 할아버지. 그들에게 이 여행은 어떤 의미일까. 수없이 많은 일을 함께 겪으며 살아왔을 나날이 노부부의 뒷모습에 훤히 비치는 것 같았다. 다시 올 수 있을지, 살아온 날보다 앞으로 허락된 시간이 더 적을지 모를 노부부의 가슴 벅참이 나와는 다른 차원일 것 같다.

드넓긴 하지만 무섭지는 않은, 아기자기하지만 인위적이지는 않은 해변. 무엇보다 초승달처럼 둥그렇게 파인 라콘차만이 산세바스티안 해변의 이미지를 확실하게 각인시킨다. 크레파스로 색칠해놓은 것 같은 풍경이 꼭 어린아이의 동심에서 튕겨 나온 것만 같다.

바다를 내려다보던 할머니 할아버지의 모습이 가슴속에 오래 남는다. 두 분에게 평생 기억에 남을 아름다운 여행이 되길 바란다.

산세바스티안은 세계에서 미슐랭 스타 레스토랑이 제일 많은 대표적인 '미식의 도시'다. 프랑스와 접해 있는 바스크 지방은 스페인 도시 중에서도 특히 미각이 발달된 곳으로 유명하다. 바스크 지방의 요리 하면 꼬치에 찔러 한입 크기로 먹을 수 있는 작은 접시 요리 핀초스(pintxos)다.

우선 핀초스 바가 몰려 있는 골목에 들어서면 조그만 식당 안팎으로 사람들이 왁자지껄 모여 서 있는 모습을 볼 수 있다. 핀초스 바를 돌아다니며 작은 접시 요리를 조금씩 먹는 걸 가리켜 '핀초스 바 호핑(pinxtos bar hopping)'이라고 하는데 정말 하루저녁 몇 군데까지 갈 수 있는지 시험해보자는 마음이 들 정도로 가보고 싶은 곳이 많았다.

무엇보다 진짜 매력은 활력 넘치는 핀초스 바의 분위기다. 좁은 공간에서 테이블마다 수많은 이야기가 오고 가는데 이상하게도 시끄럽다는 느낌이 들지 않았다. 오히려 작은 접시 음식을 하나씩 시키며 이야기꽃을 피우니 대화와 미식에 재미가 더해져 생동감이 넘쳐흐른다. 이 공간에서는 모든 소통이 다 잘되고 있다는 느낌이 들었다. 달그락달그락 분주하게 돌아가는 부엌까지도 손님들과 하나로 연결된 것처럼 친근하고 편안했다.

밤 10시쯤, 식당 밖 스탠딩 테이블에도 사람들이 바글바글하다. 산들바람까지 부는 딱 적당한 날씨에 스탠딩 테이블에 서서 와인잔을 기울이며 끊임없이 얘기하는 '어른들'.

문득 이 모습이 한국이었다면 어땠을까 하는 상상을 해봤다. 다소 어색했을 것 같다는 생각이 들었다. 그러고 보니 한국에서는 이 시간대 바깥에 나와 있는 사람은 대부분 젊은이들이다. 왠지 어른들이 이 시간대 스탠딩 바에 이렇게 둘러서 있다면 이상했을 것 같다고 해야 하나. 분명 이런 자연스러운 느낌은 들지 않았을 것이다. 고정관념일까. 그러고 보면 외국에서는 모든 세대가 함께 자연스럽게 어우러질 수 있는 장소와 문화가 꽤 다양하고 당연한데 한국에서는 그렇지 못하다는 게 참 아쉽다.

이곳에선 나이 지긋한 사람 즉 머리는 하얗고 주름도 보이는, 인생이 느껴지는 '어른'의 해방감과 여유가 보기 좋았다. 자연스러웠다. 그 느낌이 나는 정말 좋다. 낯선 사람들끼리 만나도 반갑고, 딱딱하지 않은 세대 간의 교류. 위계질서가 전혀 느껴지지 않는, 그저 동시대를 살아가는 사람들의 반갑고 자연스러운 교류의 공간. 젊은이들만의 밤거리가 아닌, 남녀노소 누구나 자유롭고 행복하고 생동감이 번지는 곳. 건전하면서도 활력 넘치는 핀초스 바 밤거리의 풍경이 내가 산세바스티안을 더 사랑하게 된 이유 중 하나이기도 하다.

음식에 마법이 깃들어 있나 보다. 먹는 거에 연연하지 않던 엄마도 'Ganbara'의 버섯 요리 핀초스와 바스크 지방 차콜리(chacolí)의 안성맞춤에 급환한 웃음이 얼굴에 번졌다. 'A Fuego Negro'의 앙증맞은 미니 햄버거도 기억에 남는 핀초스 중 하나다. 이것저것 배부르게 먹고도 20유로가 안 되게 나온 착한 가격은 더더욱 매력적이다.

부모와 자식으로 만난다는 건 도대체 어떤 인연일까. 그냥 특별하다고 표현하기엔 너무나 부족하다. 당연히 영원할 줄 알았는데, 누구에게나 주어진 시간이 유한하다는 걸 깨달은 지 얼마 되지 않았다. 그렇게 소중한 인연으로 만난 가족과의 시간을 당연하다는 듯 대충 흘려보내기 싫었다. 나는 나중으로 미루지 않기로 했다. '지금' 표현할 수 있을 때, 말할 수 있을 때, 최선을 다해서 표현해야겠다고 마음먹었다.

개인적으로 며칠 더 시간이 있었더라면 리스트에 있는 모든 핀초

TABERNA
GANDARIAS
JATETXEA

스 바를 다 가볼 수 있었을 텐데. 핀초스 바를 더 많이 못간 것이 산세바스티안 하면 떠오르는 가장 큰 아쉬움이었다.

미식의 도시 산세바스티안에는 미슐랭 3스타 레스토랑만 해도 네 군데나 있다. 아르작(Arzak), 아켈라레(Akelare), 마르틴 베라사테기(Martín Berasategui), 무가리츠(Mugaritz). 그 외 미슐랭 스타 레스토랑이 열일곱 군데 정도가 된다고 하니 산세바스티안은 단연 1등 미식의 도시가 맞다. 요즘 인기를 끄는 요리 프로그램 중 셰프들이 모여 산세바스티안에 가는 프로그램까지 방영될 만큼 요리에 있어선 더더욱 특별한 곳이다.

엄마와 난 보통 여행하며 미슐랭 레스토랑을 선호하는 편은 아니다. 특히 프랑스에서 먹었던 음식은 느끼한 데다 한번 먹기 시작했다 하면 반나절이 그냥 지나가버리니 시간이 돈인 여행자로서는 하루가 너무 아깝기 때문이다. 하지만 미식의 도시 1위라는 산세바스티안까지 가서 그렇게 추천을 많이 하는 '먹어봐야 할 것'을 못 먹고 온다면 후회가 막심할 것 같았다. 그래서 시간상 가장 클래식하다는 평을 받은 아르작과 마르틴 베라사테기를 가기로 했다. 갑작스럽게 예약했는데도 성수기 전이라 그런지 예상외로 쉽게 자리를 잡을 수 있었다.

산세바스티안 중심부에서 약 15~20분 정도 떨어진, 아주 예쁜 마을 라사르테에 위치한 마르틴 베라사테기. 이곳은 관광지에서 벗어나 산세바스티안 사람들이 실제 살고 있는 동네. 평화롭고 소박해 보이는 곳에 세계에서 손꼽히게 맛있는 식당이 있다니. 산세바스티안 초록 동산에 둘러싸인 작은 마을의 개인 집을 개조한 것 같은 편안한 분위기의 식당이 정말 좋다.

소믈리에가 한 로컬 와인을 설명한다. "Dry but very round, not too fruity but freshness at the end." 도대체 어떤 맛일까. 설명만 듣고는 상상이 안 갔는데 와인 한 모금을 마시는 순간, 설명 그대로 느껴지는 맛이 신기해 절로 웃음이 나왔다.

스페인은 사실 굉장히 큰 와인 산지다. 그런데 스페인 와인이 프랑스 와인이나 이탈리아 와인보다 외국에 덜 알려진 이유는 수출용보다 자국민이 마시기 위한 와인이기 때문이라고 한다. 역시 느리고 여유가 넘치는 스페인답다. 그래서 스페인 현지에는 풍미 좋은 와인이 무궁무진하다.

요리 하나하나에 들어간 정성은 이루 말로 다 표현할 수 없을 만큼 감동적이었다.

식사가 끝나갈 무렵 테이블을 하나하나 다 돌며 인사하는 마르틴

베라사테기 식당 셰프 아저씨. 성의와 진심이 명성을 만들어낸다.

분자 요리의 창시 격, 4대째 이어 내려온 아르작은 바스크 지방 요리계의 대스승 후안 마리 아르작(Juan Mari Arzak)과 그의 딸 엘레나가 함께 운영하고 있는 식당이다. '2016 세계 50대 레스토랑'에서 21위에 랭크돼 있을 정도로 맛은 물론 오랜 전통을 자랑한다. 산세바스티안에 가면 꼭 가봐야 할 식당 1순위로 꼽힌다.

테이스팅 메뉴 외에도 단품 메뉴로 먹어보고 싶은 요리가 많았다. 그러자 매니저가 얼른 눈치를 채고 우리가 원하는 메뉴로 알아서 주문을 받아주었다. 그의 배려심이 돋보였다.

마르틴 베라사테기가 점심에 어울리는 한적하고 여유로운 분위기의 식당이라면, 아르작은 하루 일과 후 웃고 떠들며 먹는 저녁에 어울리는 경쾌하고 젊고 세련된, 트위스트가 많이 가미된 분위기의 식당이다.

해산물 요리가 나왔는데 웨이터가 옆에 서서 계속 아이패드를 조작한다. 무슨 메뉴를 보여주려고 그러나 싶어 기다렸더니 해산물 요리 밑에 바닷물이 흐르는 영상을 살포시 놓아주는 거라. 이런 생각을 하다니. 맛은 물론 톡톡 튀는, 센스 넘치는 아이디어에 엄마와 난 절로 웃음이 나왔다.

메인 요리를 먹어야 되는데 역시나 배가 점점 더 불러온다. 그래도 열심히 먹어야지 하며 메인 요리를 기다리자니 매니저가 또 우리 눈

restaurante
ArZaK
alto de miracruz 21
(vinagres)
20015 San Sebastian
t 278465
285593

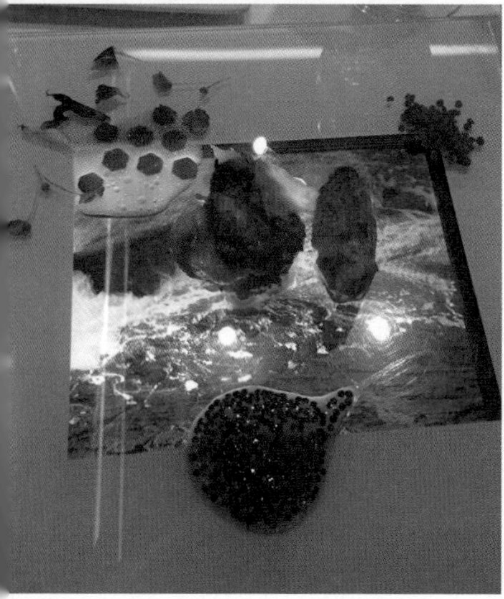

치를 살피며 혹시 배부르면 메인 요리를 취소해줄까 하고 묻는다. 예의에 어긋나는 것 같아 괜찮다고 몇 차례나 거절했으나, 매니저는 배부른데 억지로 먹는 것보다 디저트를 즐겁게 먹는 것이 더 기쁘다며 "디저트 배는 있지?" 하고 익살맞게 웃어 보인다. 정말 미슐랭 3스타 식당에 걸맞은 배려심이라며 우리는 다시 한 번 감동했다.

자신들의 음식을 최대한 즐기면서 먹어주길 바라는, 그들만의 자부심과 배려심. 인상적이었다. 역시 4대째 그 명성을 이어온 데에는 다 이유가 있구나 싶었다. 오래되고 유명한 식당임에도 불구하고 맛과 정성은 물론 식당을 찾아온 손님에게 최고의 '경험'을 선사해주기 위해 아주 세심한 부분까지 다 들여다보고 최선을 다하는 그 정신에 크게 감명을 받았다.

'빌바오 효과'라는 표현을 만들어낸 곳

빌바오 Bilbao

스페인 북부를 여행하는데, '죽기 전에 꼭 봐야 하는 건축물'로 선정된 빌바오 구겐하임 미술관을 빠뜨리고 갈 수는 없었다. 프랭크 게리(Frank Gehry)가 설계한 이 미술관은 쇠퇴해가는 스페인 바스크 지방의 공업도시 빌바오를 한 해 100만 명이 찾는 세계적인 문화 · 관광도시로 만든 건축물이다. 파리의 루브르 박물관과 영국의 테이트 모던 미술관에 이어 유럽에서 세 번째로 회원이 많은 미술관이기도 하다.

빌바오는 예술을 통한 도시 재생 계획에 성공한 대표적 도시다. 본래 15세기 이래 제철소, 철광석 광산, 조선소 등이 즐비했던 스페인 최고의 항만도시 빌바오는 1980년대 들어 철강산업이 쇠퇴하고 바스크 분리주의자들의 테러가 잇달아 발생하면서 점차 침체되어갔다. 그러던 중 1991년 바스크 지방정부는 빌바오가 몰락의 늪에서 벗어날 수 있는 유일한 방법을 문화산업 육성이라고 판단, 조선소 유적지에 1억 달러를 들여 구겐하임 미술관을 유치했다. 그 뒤 바스크 지방정부가 미술관 프로젝트 재원을 담당하고 프로젝트를 소유하며, 구겐하임 재단은 미술관을 운영하고 주요 소장품을 제공하기로 협정을 맺고 프랭크 게리의 설계로 7년 만에 미술관 건물을 완공했다. 후안 카를로스 스페인 국왕은 빌바오 구겐하임 미술관을 '20세기 인류가 만든 최고의 건물'이라고 극찬했다.

아마 제철소, 철광석 등 본래의 주된 산업을 도시의 상징성과 연계시키기 위해 티타늄판 구조물로 외관을 꾸미지 않았을까 싶다. 티타늄판 구조물이 50미터 높이로 치솟은 기이한 형상의 이 건물은 기둥을 쓰지 않은 철골구조로, 중심축인 아트리움에서 3층 전시 공간까지 동심원적으로 돌아 올라가면서 다시 여러 방향으로 크고 작은 위성

전시 공간이 뻗어나가도록 설계되었다. 이러한 구조는 보는 사람의 위치에 따라 다양한 형태로 드러난다.

유명한 소장품으로는 미술관 정문 앞에 있는 미국 아티스트 제프 쿤스(Jeff Koons)의 〈Puppy〉를 비롯해 로이 리히텐슈타인(Roy Lichtenstein)과 클래스 올덴버그(Claes Oldenburg)의 설치 작품, 20세기 후반 40여 년에 걸쳐 미국과 서유럽에서 활동한 팝아트 · 미니멀리즘 · 추상표현주의 계열 작가들의 작품 등이 있다.

워낙 유명하기도 하고 다양한 매체를 통해 이미 많이 접해본 작품이라 실제로 보면 감흥이 덜할 것 같았는데 오히려 애착이 갔다. 특히 꽃 강아지 〈Puppy〉는 본래 제프 쿤스가 미술관 개관 기념으로 전시했던 작품인데 빌바오 시민들의 강력한 요청에 의해 상시 전시물로 바뀌었다. 꽃들은 주기적으로 전체를 다시 다 심고, 계절에 따라 꽃의 색이나 조화도 달라진다.

도쿄 롯폰기 모리 미술관을 비롯, 세계 명소 곳곳에 전시되고 있는 루이즈 부르주아(Louise Bourgeois)의 〈마망(Maman)〉 시리즈. 루이즈 부르주아의 작품에는 어렸을 때 경험한 아버지와 가정교사의 불륜, 그로 인한 적개심, 어머니에 대한 연민과 이를 통해 형성된 남성, 여성의 갈등 및 인간 존재에 대한 본질적인 질문이 담겨 있다고 한다. 이 거대 거미 〈마망〉에서 작가는 유년의 기억을 불러와 알을 보호하려는 모성과 두려움 등을 거대한 크기로 표현했고, 상대적으로 가늘고 약한 다리를 통해 상처받기 쉬운 내면을 표현했다.

국내 전시와 달리 관람객들은 자유로이 거미의 다리를 잡거나 끌

LOUISE

어안고 사진을 찍는다. 역시 예술 작품을 전시하는 목적에서부터 이를 대하는 관람객의 마음가짐과 자세까지 나라마다 참 다르다는 걸 느낀다. 설치 미술의 본래 목적은 관람객이 직접 보고 듣고 만짐으로써 더 가깝고 강한 공감 전달을 도모하는 데 있지 않을까. 서양에서는 전시물을 볼 때 매개자의 개입이 최소화되고 예술가와 관람객 간 순수한 직접 소통이 더 강력하다는 걸 느낀다. 물론 그러면서도 관람 예절을 갖추는 게 몸에 밴 문화도시 소비자의 태도 덕분에 가능한 것일 테지만.

미술관을 구경하다 보면 꼭 유명한 작품에만 감동이 있는 것은 아니다. 그때그때 상황에 따라 더 깊은 의미로 다가오는 작품이 있다.

'엄청난 공간이 필요하겠다' 싶었던 미국 조각가 리처드 세라(Richard Serra)의 설치미술 작품 〈The Matter of Time〉. 빌바오 구겐하임 미술관에서 가장 기억에 남은 작품이다.

철강으로 작업한 이 거대한 설치미술 작품은 꼭 미로 같다. 한번 작품 속으로 들어서면 그 길로 그대로 되돌아 나오는 방법 외엔 다른 방법이 없다. 점점 걸어 들어가면 갈수록 한 사람이 겨우 들어갈 정도로 좁아지는 구간이 나오는데 갑자기 현기증이 나고 순간 공포가 엄습했다. 한참을 여러 번 휘돌아 깊숙이 들어가도록 되어 있는 고난도 작품에서는 중간에 잠시 서서 고민했다. '끝까지 들어가야 하나, 다시 돌아 나가야 하나?'

그 찰나, 작품 속에서 엄마를 만났다. 각자 다른 작품 속으로 들어가다 보니 엄마가 어디를 돌아보는지 몰랐다. 엄마는 작품 속 끝까지 들어갔다 돌아 나오는 길이었다. 엄마는 마치 내 고민을 알아챈 듯 웃으며 "조금만 더 들어가면 돼. 한번 들어가봐." 하고 말했다.

순간, '와……. 이거 완전 인생을 말하는구나.' 싶었다. 포기하고 싶은 순간, 먼저 길을 가봤던 엄마의 말은 '조금만 더 가면 네가 가려 했던 목적지가, 그 끝이 보일 거야. 포기하지 말고 한번 가봐.' 하는 것처럼 들렸다. 걸어 들어가다 보면 넓어질 때도, 좁아질 때도 있는 작품 속에서의 체험이 마치 인생의 굴곡을 겪는 것 같았다. 언젠가 느껴본 것 같은, 일이 잘 풀리지 않을 때 숨통을 조이는 답답함과 술술 잘 풀릴 때 가슴이 탁 트이는 시원함……. 다시 작품 제목을 보니 '시간의 문제'다. 우리의 여행과 잘 어울려서일까. 여러모로 작품이 주는 의미가 개인적으로 더 특별하게 다가온다.

특별 전시 〈천국으로 올라가는 계단〉이라는 작품 앞에서는 '시작점도 끝점도 없다'는 문장을 보고 잠시 멍해졌다. 모든 것에는 시작점도 없고 끝점도 없다. 생각해 보니 정말 그랬다.

사람이 태어나 죽는 순간까지만 시작점과 끝점이 있다고 할 수 있을까. 할머니와 헤어졌지만 나는 결코 헤어지지 않았다. 할머니는 여전히 나의 삶에, 모든 일상에 나와 함께 계신다. 그녀의 가르침은 여전히 나의 생각과 행동에 많은 영향을 미치고 있다.

그럼 역사나 문화는 시작과 끝이 있다고 말할 수 있을까. 나라는 망하더라도 역사와 문화까지 끝났다고 할 수는 없다. 역사나 문화는 후손에게 또 그 후손의 후손에게 살아 전해진다. 생각해 보니 정말 우리의 모든 것에 시작과 끝은 없다. 오로지 어느 중간에 만난 시간만이 존재할 뿐.

엄마를 봤다. 그리고 엄마 손을 꼭 잡았다.

우리의 시간이 만난 지금이 더더욱 감사하게 느껴졌다.

스페인의 자랑, 전설적 영웅 엘시드의 고향

부르고스 Burgos

부르고스는 무어인을 상대로 활약한 레콩키스타의 전설적 영웅 시드 캄페아도르(엘시드)의 출생지, 활약지로서 스페인 사람들이 자랑스러워하는 도시다. 완공하기까지 3세기나 걸렸다고 하는, '스페인에서 가장 아름다운 주교좌성당'이라는 말을 듣고 있는 부르고스 대성당은 톨레도 대성당, 세비야 대성당과 함께 스페인 3대 고딕 성당에 속한다.

우리는 성곽으로 들어가는 문 중 하나인 산타 마리아 문(Arco de Santa Maria)을 통과해 구시가로 갔다. 16세기 카를로스 5세를 맞이하기 위해 재건축된 문이다. 그래서 문에 마리아상과 천사상, 여섯 명의 영웅상을 새겨놓았다. 여섯 명의 영웅 중 상단 중앙에는 카를로스 5세가, 오른쪽에는 엘시드가 자리를 잡고 있다.

하늘과 천사들과 스페인 군인들이 지키는 문을 통과하니 전경이 곧 구시가로 바뀌며 전혀 다른 세상이 펼쳐진다. 일상이 이렇듯 평화롭고 아름다운 나라 스페인. 동네 할아버지들 모습이 보기 좋다.

어디선가 익숙한 목소리가 들린다. 앞서 씩씩하게 걸어가던 모험가 엄마가 내 이름을 애타게 부르는 소리다. 엄마는 빨리 이리 와보라고 손짓하고 나서 어느 대저택 게이트로 보이는 지붕 위를 가리킨다. 그 위를 보니 둥지에서 어미 두루미가 새끼 두루미들에게 먹이를 주고 있다. 가까이 다가가 자세히 살펴보니 뒤에 두루미 한 마리가

더 있다! 부부 두루미가 먹이를 물어다 주면 그걸 받아먹으려고 새끼 두루미들이 둥지 밖으로 머리를 내밀었다 넣었다 반복한다. 그 모습이 퍽 귀여웠다. 엄마는 어미 두루미가 다시 날아가기 전 그 모습을 내게 보여주고 싶었던 것이다.

어떤 목적도 방향도 없이 그냥 엄마와 난 길을 따라 쭉 걸었다.

"배는 안 고픈데. 그래도 저녁을 먹어야겠지?"

먹는 일이 그다지 중요하지 않은 우리 모녀는 햇살 따뜻한 하늘 아래 부르고스에 취해 정처 없이 걷다 보니 어느덧 여기저기서 맛있는 냄새가 풍기는 골목에 다다랐다.

열심히 예습해온 엄마의 정보에 따르면 아스투리아스 지방에 가거든 시드라(sidra)를 마셔봐야 한다고 했단다. 해봐야 하는 건 꼭 해봐야 하는 우리 엄마. 간단한 타파스에 시드라를 시켰다. 이 지방 대표

발효주인 시드라는 병을 높이 들고 따라야 하는 게 특징이다. 시드라가 나오자 예습한 대로 시드라병을 들고 손을 위로 쭉 뻗어서 따르는 엄마를 보고 그렇게 하는 게 진짜 맞는 거냐며 나도 엄마도 박장대소가 터졌다. 틈만 나면 엄마 놀리기 바쁜 딸. 놀림을 받은 엄마의 표정이 귀엽다. 나중에 해변가 식당에서 시드라를 시켰을 때 직원이 따라주는 걸 보니, 정말 손을 있는 대로 한껏 높이 쭉 뻗어 바닥에 거의 다 흘리면서 시드라를 따라주는 수준이었다. 그 이유는 시드라가 공기와 많이 접촉할수록 풍미가 더 강해지기 때문이란다.

우리가 지나온 모든 곳이 다 같은 스페인이 맞나 싶을 정도로 지역마다 풍습이 다채롭다. 잠시 머물렀을 뿐인데도 어느 곳이든 자신들만의 문화에 대한 자긍심이 빛나 보였다. 같은 나라이지만 그 안엔 너무나 많은 역사와 시간이 여전히 살아 숨 쉬고 있다.

광장을 나서며 할머니 세 분과 마주쳤다. 친구끼리 온 모양이다. 씩씩하고 밝게, 세상을 호령할 듯 힘찬 걸음걸이들이 보기 좋았다.

"엄마, 할머니들 좀 봐. 엄청 귀엽다. 친구분들이랑 오셨나 봐."

엄마와 난 그분들과 마주친 순간 서로의 생각을 알아차렸다. 부럽기도 하고 보기 좋기도 한. 5개월 전 떠나보낸 할머니가 몹시도 그리웠다. 혹시 엄마의 눈가가 젖었을까 봐 나는 슬쩍 곁눈질하며 짐짓 씩씩하게 말했다.

"그러니까 엄마도 건강관리 열심히 해. 저 할머니들처럼 저렇게 머리가 멋스럽게 하얘져서도 씩씩하게 친구들과 여행할 수 있다면 얼마나 좋겠어?"

"너, 나 할머니 되면 귀찮다고 안 데리고 다닐 거면서?"

"엄마, 그런 걱정하지 말고 운동이나 열심히 해. 맨날 아프다고 하면 진짜 안 데리고 다닐 거야!"

딸의 잔소리가 늘어지니 엄마가 "네가 엄마야?!" 하며 기가 막힌다는 듯 웃는다. 나는 내가 클 때 엄마도 잔소리 많이 했으니 이제는 엄마가 들을 차례라며 물러서지 않는다.

"할머니랑 우리 같이 여행 다녔던 것처럼 엄마랑 내 아이들도 그렇게 같이 여행 다니면 좋겠다……."

엄마의 시간이 멈췄으면 좋겠다. 내가 전부 다 이해할 수 있을 때까지.

나는 정말 그녀가 조금만 더 천천히 나이 들어주길. 바라고 또 바란다.

스페인 북부의 남성적인 바다

수안세스 Suances

무작정 스마트폰 내비게이션에 'suances'를 찍고 차를 몰았다. 수안세스에 거의 다다라서는 표지판을 따라 바닷가로 내려갔다. 스마트폰 하나로 세계 곳곳을 이렇게 두려움 없이 다닐 수 있다니. 정말 IT기술이 세상을 크게 바꿨음에 틀림없다. 예전부터 글로벌 시대라고는 했지만 해외에서 스마트폰 하나만 의지한 채 이렇게 자유롭고 편하게 여행하게 된 건 불과 얼마 되지 않은 일이다.

끼니마다 와인을 물처럼 마시는 스페인 사람들은 와인 주문을 당연시 여겨 자동적으로 와인부터 주문을 받는다. 지역 와인을 추천해 달라고 했더니 자신 있게 스페인 북서쪽에 위치한 갈라시안 지방에서 주로 생산되는 알바리뇨(Albariño)와 리베이로(Ribeiro) 두 종류를 내민다. 이 중 예전엔 리바다비아(Ribadavia)라는 이름으로 불렸던 리베이로는 전해 내려오는 이야기에 따르면 산티아고 순례자들이 많이 찾아 마시고는 취했던 와인이라고 한다. 그래서 우리도 리베이로를 선택했다.

그런데 창밖으로 보이는 수안세스 바다가 어딘지 모르게 사진으로 봤던 수안세스 바다

와 달랐다. 나는 종업원에게 미리 찾아놨던 수안세스 사진을 보여주며 이곳이 여기가 맞는지 물었다. 그랬더니 영어를 못 해 소통이 거의 불가능했던 종업원이 갑자기 돌변했다. 유리창 너머 대각선 방향을 가리키며 'famous', 'los locos'라고 두 단어를 줄기차게 외치고는 지을 수 있는 온갖 표정과 몸짓을 동원해 연신 'crazy'를 외쳤다.

'도대체 이게 무슨 뜻이지?'

단번에 알아듣지 못한 나는 다른 테이블 사람들이 우리를 쳐다보는 게 너무 창피하고 당황스러워 대충 알겠다며 고개를 연거푸 끄덕였다. 한바탕 소동이 지나간 후 조용히 스마트폰을 꺼내 'los locos'를 찾아보니, 그건 식당에서 약 5분 거리에 있는 해변의 이름이었다.

'이 사진 속 수안세스 해변이 여기란 말인가?'

사진 밑에 덧붙어 있는 설명은 이랬다.

파도가 워낙 세서 'crazy people'이라는 뜻의
'Los Locos'라는 이름이 생겼다.

'아! 그래서 그렇게…….'

창피해했던 마음이 도리어 미안해졌다. 바닷가 이름이 '미친 사람들'일 줄이야. 그 종업원이 아니었다면 수안세스까지 와서 이 아름다운 곳을 눈앞에 두고도 못 보고 그냥 지나칠 뻔했으니. 정말 고마운 사람이었다.

지대가 좀 위쪽에 위치해 있었던 로스 로코스 해변(Playa de Los Locos). 들판에서 내려다보이는 바닷가……. 날이 흐렸음에도 정말

그 멋이 남달랐다. 맞다. 사진에서 봤던 그 바다가 바로 이곳이었다!

안 그래도 이 바다, 고등학교 때《오디세이》를 처음 읽으며 포세이돈이 살고 있을 것 같다고 상상했던 바다의 모습과 정말 많이 닮았다고 생각했는데 거짓말처럼 수안세스 바다가 내려다보이는 위치에 포세이돈을 형상화한 조각상이 서 있었다. 포세이돈이 주문을 외우며 소용돌이를 일으킬 듯 신비로움이 가득한 곳. 들판 위 높은 곳에서 내려다본 수안세스 바다, 그 꾸밈없는 자연 그대로의 모습이 할 말을 잃게 만든다.

호기심 많은 엄마는 줄곧 앞장서서 걸었다. 신이 났다.

"위험해! 너무 밑에까지 내려가지 마!"

나는 나도 모르게 또 잔소리가 나왔다. 이럴 때, 이런 순간순간, 엄마와 내가 크로스오버되는 지점을 함께 지나고 있나 보다 하는 생각이 든다. 나는 엄마 걱정에 잔소리가 심해진다. 엄마는 마치 어린아이처럼 모든 게 궁금하다. 하나라도 더 보고 싶고, 더 가까이 가고 싶어 한다.

엄마가 뒤돌아서서 나를 보고 웃으며 말했다.

"내가 여기를 언제 또 와보겠어! 너는 또 올 테니까. 그때 오면 엄마랑 여기 왔었지, 하고 생각해!"

'또, 또 그 소리. 아니 무슨 이런 뭉클한 말을 저렇게 쿨하게 해?'

마음이 불편했다. 문득 〈꽃보다 할배〉에서 이순재씨가 했던 말이 떠올랐다.

다 처음 보는 것들 아냐. 갈 수 있는 데까지 다 가보는 거야. 왜냐하면 가깝게 가서 보는 것과 먼 데서 그림만 보는 것은 다르거든. 여행이라는 것은 주마간산으로 위에만 볼 것인가, 아니면 찾아볼 것인가. 여행은 다르다. 그렇게 되면 새삼스러울 거라고 생각하고 좋은 발상이 나오지 않을까…….

예전엔 미처 알지 못했던 엄마의 생각들. 툭툭 내뱉는 말이 가슴 깊이 박힌다. 나는 위에만 보고자 할 때 엄마는 굳이 왜 구석구석 예뻐 보이지도 않는 곳들을 들어가 보고 싶어 했는지 이제야 알겠다. 귀찮아하며 투덜거렸던 순간들이 떠올라 엄마에게 미안해졌다. 뒷짐 지고 자꾸만 앞서나가 여기저기 들여다보는 엄마의 뒷모습이 아련하다.

시간이 영원할 것만 같고, 지금 이 순간 또한 영원할 것만 같던 때가 분명 있었다. 하지만 그건 우리의 간절한 바람일 뿐, 그 어떤 것

도 영원하지 않다는 걸 이제는 안다. 엄마는 나보다 한참 어린 나이에 결혼해 밤낮으로 바쁜 남편을 대신해서 아이들을 도맡아 키웠다. 엄마가 겨우 다 키워놓았는데 나는 마치 나 혼자 큰 것처럼 친구들과 이야기가 더 잘 통한다고, 연애가 주는 설렘이 더 좋다며 엄마를 서운하게 했던 적도 있었을 것이다.

엄마의 시간은 기다려주지 않는다. 훗날 돌이켜봤을 때 내가 기억하게 될 '지금'이 어떤 의미의 시간일지 나는 잘 알고 있다.

내려가는 길, 유채꽃이 만개해 있다. 엄마와 손을 잡고 이 길을 걸으며 사진에 감히 다 담을 수 없는 꽃밭과 감성을 마음에 담는다.

마치 천국에 온 듯, 감격스러움을 안겨줬던 곳

피코스 데 에우로파 Picos de Europa

1918년 스페인 최초의 국립공원으로 지정된 피코스 데 에우로파는 '유럽의 봉우리'라는 뜻이다. 대서양을 항해하여 들어오는 배에서 가장 먼저 눈에 띄는 유럽 대륙이기 때문에 붙인 이름이다. 이 산악 지대는 북부 해안에서 남쪽으로 20킬로미터 정도 떨어져 동서 방향으로 길게 뻗은 피레네산맥의 중심부에 위치하며 아스투리아스(Asturias), 칸타브리아(Cantabria), 카스티야이레온(Castillay Leon) 등 세 지역에 걸쳐 있다. 풍경은 물론 생물 다양성을 보존해야 하는 구역으로 회색늑대, 곰, 독수리 등 야생동물이 사는 구역이다.

이 지역은 차로 돌아본다 해도 며칠이 걸릴 정도로 넓다. 해발 2,600미터 이상의 봉우리가 세 개나 되는 높은 지대를 있는 그대로 즐기는 방법은 물론 등산이나 트래킹, 산악자전거 등을 통해 직접 대자연을 온몸으로 느끼는 것이겠지만 푸엔테 데(Fuente Dé)에서 해발 1,800미터까지 푸니쿨라를 타고 오르는 것이다. 그런데 막상 오르고

보니 이곳이라면 하루 종일 트래킹을 해도 좋을 것 같다는 생각이 저절로 들었다. 아마 등산을 좋아하는 사람에겐 이곳에서 즐기는 하이킹이 꿈만 같은 일일 것이다. 산꼭대기에 도착했을 때 느낀 그 시원함, 상쾌함. 등산에 들뜬 사람들과 덩달아 흥분하는 아이들의 모습에 미소가 절로 피어난다.

탐험 정신이 투철한 우리 엄마는 또다시 앞장서서 성큼성큼 걷더니 한 작은 바위 봉우리로 올라가기 시작한다. "엄마, 제발!" 하고 소리쳤지만, 이미 오르기 시작한 엄마를 말릴 순 없다. 바위 봉우리에 올라 피레네산맥에 걸친 대자연을 내려다보면 세상을 다 가진 느낌이 드는 모양이다. 밑에 서서 걱정스런 눈길로 올려다보는 나를 내려다보며 두 팔을 벌리고 마치 스케이트보드를 타는 양 포즈를 취하는 엄마가 너무 웃겨 배꼽 빠지게 웃었다. 엄마가 이렇게 용감한 사람이란 걸 알게 된 것도 어쩌면 여행을 통해서였던 것 같다.

사실 엄마에게 위험하게 왜 그러느냐고 핀잔을 줬지만, 속으론 너무나 기뻤다.

엄마의 젊음에 감사했다.

엄마의 건강에 감사했다.

무엇보다 엄마의 밝음, 그 활력에 감사했다.

짧은 시간, 트래킹을 마치고 내려가는 길에 이 풍경을 하나라도 더 담기 위해 사진을 찍다 보니 앞서간 엄마가 웅크리고 앉아 무언가를 자세히 들여다보는 모습이 보인다. 다가가 보니 엄마가 스마트폰을 바짝 대고 돌 틈 사이를 비집고 피어난 꽃을 찍고 있다.

엄마는 아직도 소녀다.

누구나 속에 내재된 옛 모습을 안고 살아간다. 아니, 불쑥불쑥 나오는 아이 같은 모습을 꼭 옛 모습이라고만 할 수 있을까. 우리는 그 시간들을 지나왔지만 모든 모습들이 내면에 혼재되어 그대로 머물러 있는 것이다. 어른은 어른다워야 하니까, 내면에 숨겨뒀던 아이의 모습들이 행복한 순간에 불현듯 튀어나온다. 설레는 여행길, 엄마에게서 아이의 모습이 종종 보이는 것처럼.

'세계에서 가장 기이한 해변'이라고 일컫는 굴피유리 해변(Playa de Gulpiyuri). 정말 드넓은 들판을 걸어가면 바위산 사이로 바닷물이 들어와 자연적으로 생긴 아주 '소박한' 모래사장과 바다가 펼쳐진다. 고운 흰모래와 에메랄드빛 바닷물. 굴피유리 해변은 서유럽 해안에 뻗어 있는 북대서양의 넓은 만인 비스케이만(Bay of Biscay)으로부터 바닷물이 흘러들어와 형성됐다고 한다. 수백만 년 동안 넓은 바다와 연결된 절벽 아래가 거듭된 부식과 침식을 거치면서 내륙 내부로 향하는 터널이 만들어진 것이다.

주위 자연경관이 아름다운 것은 물론이고 내륙 한가운데에 있는 바다와 40미터 정도 되는 작은 모래사장은 꼭 지금 수영복을 입고 뛰놀고 있는 아이들을 위해 만들어진 것만 같다. 마치 동화 속 세상에 들어간 듯하다. 판타지 영화에나 나올 법한 이 신비로운 해변은 자연의 위대함을 더욱 극적으로 보이게 한다.

굴피유리 해변을 지나 산책길을 따라 조금 더 높은 지대에 오르면 너무나 자유로운 초원과 북대서양 바다를 함께 볼 수 있는 곳이 나온

다. 내가 또 자연에 흠뻑 취해 열심히 사진을 찍는 동안 앞서가던 엄마가 어김없이 사라졌다. 어디선가 내 이름을 부르는 익숙한 목소리가 들려온다. 반대편 바위틈으로 빼끔 고개를 내밀고는 나를 찍어주겠다며 여기 보라고 소리치는, 언제 들어도 반가운 우리 엄마 목소리다.

딸내미를 열심히 찍어주고 싶어 하는 엄마의 마음은 옛날이나 지금이나 똑같다. 내가 엄마를 찍어주겠다고 하면 엄마는 싫다고 손사래를 치며 일부러 안 예쁜 표정을 짓는다. 엄마 나이 되면 사진 찍는 게 싫다며 너도 엄마 나이 돼보라고 하지만, 나는 엄마의 지금 모습이 가장 예쁘다. 10년 전에도, 20년 전에도 분명 엄마는 똑같은 얘기를 했다. 우리는 종종 내 또래였던 엄마의 젊은 시절 사진들을 꺼내본다. 참 예뻤다고, 그때는 몰라봤던, 다시 만나게 되는 그녀의 모습이 무척 반갑다. 그래서 엄마가 손사래를 쳐도 나는 계속 엄마를 찍는다. 내 앞에서만 짓는 엄마 특유의 표정을, 꾸밈없는 모습을. 그저 엄마와 함께하는 모든 순간을 영원히 간직하고 싶고 언제든 꺼내 보고 싶기 때문에. 나의 엄마이기에 나만 아는 아름다운 모습들……. 오늘 찍은 이 사진을 10년 후에, 또 그 10년 후에 꺼내 본다면 얼마나 행복한 기억이 될까.

들판을 걸어 내려오는 길, 초원을 배경으로 아장아장 이제 막 걷기 시작한 아이와 아빠의 모습이 마치 한 폭의 그림 같다.

할머니가 떠나시고, 할머니와 손주의 모습은 자주 내 발걸음을 멈추게 한다. 리바데세야(Ribadesella) 부둣가에서 바다를 바라보며 함께 서 있는 어린 손자와 할머니의 다정한 모습에 나는 또 그녀가 떠올랐다.

누구에게나 당연히 있는 추억일지라도 그 무엇보다 특별한, 그 많은 사랑과 기억이 내게 참 많은 것을 가르쳐주었다. 그렇게 사람이 사람에게 미치는 영향력은 대단하다.

예전엔 인생은 당연한 것이고, 나는 절대 늙지 않을 것이고, 순간은 언제라도 원하면 다시 만들 수 있을 만큼 긴 것이고, 절대 헤어짐이란 없는 거라고 생각했던 때가 있었다. 그러나 시간이 흐를수록 이 모든 것이 당연한 게 아니라는 생각을 하게 된다. 비록 보이지 않고 기억나지 않아도 사람으로 태어나 주어진 인생은 당연한 게 아니며 더더군다나 가족으로 만난다는 것은 우연이 아닌 엄청난 노력 끝에 만난 대단한 인연이라는 걸 배우고 있다. 그 많은 생명체 중 한 사람으로, 그 많은 나라 중 하필 한국인으로, 그 많은 한국인 중 우리 엄마 아빠의 딸로, 할아버지 할머니의 손녀로, 그렇게 가족으로 만난다는 게 얼마나 대단한 일인지 감히 다 가늠할 수가 없다.

당연하고 우연한 게 아니라 운명적인 것. 셀 수 없이 많은 사람들의 마음과 크고 작은 수없이 많은 결정과 사연이 모여 필연으로 만나게 된 거라는 것. 그러니 그 소중함을 어찌 다 말로 할 수 있을까.

이 세상에 나와 만나게 되는 모든 인연이라는 게 얼마나 특별한 것인지. 여행을 통해 얻은 이런 작은 생각들, 그 깨우침으로 인해 내 옆에, 그 옆에, 그리고 또 그 옆에 함께하는, 이번 생에 만나게 되는 많은 사람들을 더 소중하고 귀하게 대할 수 있게 될 것 같았다.

저 멀리 뒷모습만 봐도 예쁜 할머니와 손자의 모습을 보며 짧은 순간, 나는 내가 맺은 대단한 인연들에 감사했다.

'여기가 어디야……. 천국이야, 이승이야…….'

코바동가 Covadonga

나는 오래도록 코바동가에서 맞이한 순간들이 잊히지 않는다. 코바동가에 대한 정보는 많이 없었다. 다만 산티아고 순례길에 코바동가 성당을 빠뜨리면 안 되겠다는 생각뿐. 그러나 스페인 여행 중 가장 기억에 남은, 정말 감동 그 자체였던 곳이다.

코바동가 대성당(Catedral de Covadonga)은 역사적으로 유서가 깊은 곳이다. 스페인은 711년부터 1492년까지 이슬람의 지배를 받았다. 가톨릭교회가 이슬람교에 의해 지배를 받기 시작하여 1492년 그라나다 왕국이 멸망할 때까지 국토 회복 전쟁(레콩키스타)이 800년 가까이 진행되었는데, 바로 이곳 코바동가가 스페인 국토 회복 운동의 시발점이 된 곳이다. 스페인의 전설적 영웅 펠라요 장군이 이 아스투리아스 코바동가 산속 좁은 길과 동굴에 잠복해 있다가 이슬람 군대의 10분의 1에 불과한 숫자로 이슬람 군대를 대파했다는 이야기는 역사적으로 유명하다.

이런 유서 깊은 아름다운 성당에서 미사에 참례할 수 있었던 건 무척이나 큰 행운이었다. 성당 건너편으로 보이는 동굴 안 예배당이 펠라요 장군과 스페인 군대가 동굴에 숨어 있을 때 성모 마리아가 출현해 전쟁을 승리로 이끌었다는 전설로 유명한 곳이다. 예배당 밑으로는 작은 폭포가 하나 있는데, 코바동가에 대한 정보를 찾아봤을 때

보니 그 폭포에서 떨어지는 물을 마시면 1년 안에 결혼한다는 설이 있다고 쓰여 있었다. 그 얘기를 했더니 엄마는 "어머, 넌 그 폭포부터 먼저 가봐야 하는 거 아니니?" 하며 웃는다. 이제 결혼 적령기의 딸내미를 둔 엄마의 말이 농담 같지만은 않다. 나는 "재촉하지 않겠다더니 은근히 나 눈치 주는 거지, 지금? 도대체 결혼 적령기라는 건 누구 마음대로 설정해놓은 거래?" 하며 되묻는다. 심기가 불편한 그 누군가가 정해놓은 '적령기'의 나는, 미신 따위 믿지 않겠다며 도도하게 돌아서고 싶은데 이미 주머니에 들었던 동전을 꺼내 연못에 던진다. 나중에 뒤돌아서서 찍힌 사진 속 내 표정을 보니 도도하게 돌아서고 싶던 마음과 달리 마치 소원을 이룬 양 아주아주 환한 함박웃음을 짓고 있었다.

"엄마, 나 진짜 빨리 시집갔으면 좋겠어? 나 없으면 엄마 심심해서 어쩌려고. 이렇게 같이 여행도 못 오고……."

"엄마야 자식이 옆에 있으면 좋지만 한편으로는 얼마나 걱정이 되겠니? 나중에 엄마 아빠 없으면 네가 너무 외롭잖아……."

60대 진입을 바라보는 엄마가 딸을 결혼시켜야 하는 이유는 자신이 언제까지나 옆에 있을 수 없기 때문이다. 부모 대신 보호자가 되어줄 누군가에게 딸을 인도해야 놓이는 마음. 이래도 걱정, 저래도 걱정. 그런 엄마 마음을 생각만 해도 눈물이 날 것 같다. 부모도 자식도 결혼이란 마냥 반갑지도, 마냥 서운하지도 않은 복합적인 감정이 드는 일일 것이다. 사람이니까.

살다 보면 엄마가 했던 말들이 웬만하면 다 맞다. 그걸 알면서도 나는 늘 내 주장을 펼친다.

100세 시대 운운하며 나이 드는 것에 이렇게 큰 압박감을 느껴야

하는 나라는 전 세계에서 우리나라밖에 없을 거라고 사회를 탓하며 애써 쿨한 척 큰소리쳤지만 마음이 아주 편한 건 아니었다. 아기를 보며 부러워하는 부모님의 눈빛에서 그 속마음을 읽을 때, 늘 젊다고 생각했던 부모님이 더 이상 예전 같지 않고 인생이 무료하다고 느낀다는 걸 알아차릴 때, 우리 손녀딸 짝 만날 때까지 꼭 건강하게 살겠다고 입버릇처럼 말씀하시던 할머니에게 결국 그 모습을 보여드리지 못한 채 할머니와 이별해야 했을 때.

마음과 달리 현실과의 타협점에 서 있다고 느껴질 때 내 마음대로 되는 것은 아니지만 그것이 내 탓인 것만 같아 어른들에게 죄송스러운 마음이 들곤 한다.

예배당까지 구경을 마친 후 호수가 도대체 어디 있는지 아무리 지도를 찾아봐도 나오질 않아 고민하며 길을 내려가던 찰나, 여러 표지판 중 'Lagos Covadonga'라는 표지판이 눈에 딱 들어왔다. 스페인어로 'lagos'가 호수라는 걸 알고 있었기에 바로 저기다! 하고 화살표를 따라 무작정 차를 몰기 시작했다. 그런데 막상 오르다 보니 지대가 생각보다 너무 높았다. 꼬불거리는 산길엔 차선도 없어 올라가는 차와 내려오는 차가 눈치껏 함께 다녀야 했다. 이 좁은 산길을 얼마나 더 올라가야 하는지……. 차를 돌릴 만한 곳도, 표지판도 나오지 않아 내심 불안했지만 불안한 마음을 들키지 않으려, 침착하려 애썼다.

마주 내려오는 차를 세우고 물어보고 싶은 마음이 굴뚝같았다.

해발 1,200미터, 옆은 낭떠러지. 그리 긴 시간은 아니었던 것 같은데 호수가 어디쯤 있는지 아무런 감도 없이 차를 몰고 오르다 보니 목적지가 너무 멀고도 암담하게만 느껴졌다. 한 20분쯤 올랐을까. 겨

우겨우 차를 댈 만한 공간에 아주 낡은 먼지투성이 표지판이 하나 나왔다.

의견이 둘로 나뉘었다. 동생은 그냥 어두워지기 전에 내려가자며 호수가 뭐 호수겠지 별거겠느냐고 했다. 하지만 사진에서 봤던 풍경을 꼭 직접 보고 싶었던 나는 그래도 여기까지 왔는데 조금만 더 가보자고 했다. 보통 때 같았으면 가보자고 했을 엄마는 의견을 내지 않았다. 궁금하긴 한데 길이 무서워 겁이 났던 것이다. 결국 운전대를 잡은 사람 마음대로 나는 계속 차를 몰고 올라갔다. 두렵고 아득하긴 했지만 내 눈앞에 펼쳐진 피레네산맥은 눈부셨다. 산신령이 내 눈높이로 다가올 것만 같았다. 산길을 오를수록 어느덧 구름이 눈 아래로 보이기 시작했으니 해발이 얼마나 높은지 실감이 났다.

그렇게 얼마나 더 올라갔을까. 낭떠러지가 온데간데없어지고 거짓말처럼 다시 평평한 땅이 나왔다. 방금 전 봤던 세상과 전혀 다른 세상으로 들어온 듯 평화로운 것이 마치 무슨 꿈을 꾸는 것 같았다. 그때 꿈에서 현실 세계로 나를 다시 불러내는 듯 '딸랑딸랑' 방울 소리가 울리더니 산양들이 하나둘 찻길로 올라와 우리 차 바로 옆을 지나간다. 멀리서 보였던 소들도 어느새 차에 부딪힐 것처럼 가깝게 보이기 시작했다.

그들의 세상에 내가 들어온 느낌이었다. 이 위에서도 이렇게 평화롭게 사는 생명체들이 있다니……. 이곳이 바로 레이나 전망대(Mirador de Reina)다. 예습한바 레이나 전망대에서 조금만 더 지나면 호수가 나온다는 걸 알고 있었기 때문에 맞는 길로 왔구나 싶어서 안도의 한숨을 크게 내쉰다.

'이 길이 맞았어! 조금만 더 가보자!'

전망대에서 활력을 찾고 길을 따라 조금 더 올라 중턱에서 핸들을 돌리니 평화로운 에놀 호수가 거짓말처럼 펼쳐졌다. 곧이어 'Ercina'를 가리키는 화살표가 보였다. 좁은 비탈길로 힘차게 차를 몰아 "그래! 온 김에 다 보고 내려가자!" 하며 또 다른 중턱에서 핸들을 돌리자마자 눈앞에 펼쳐진 광경. 그 순간, 뒤에 타 숨죽이고 있던 엄마는 "여기가 어디야……. 천국이야, 이승이야……." 하며 말을 잇지 못했다. 감탄에 감탄이 절로 나오는, 신화에서나 존재할 법한 경이로운 풍경이 눈앞에 펼쳐졌다.

도대체 내가 보고 있는 이 거짓말 같은 풍경이 뭔지 믿을 수가 없어서 입이 딱 벌어졌다. 여행을 많이 다녔지만 이렇게 감격스러웠던 적이 또 있었을까. 두렵고 불안한 길을 올라 만난 곳이었기에 더 그랬다.

평화로웠다. 마치 천국이 있다면 이런 모습이 아닐까 싶을 만큼. 푸른 초원, 피레네산맥에 둘러싸여 있는 에르시나 호숫가에는 깨끗하고 맑은 영혼이 깃들어 있어 밤이 되면 여신으로 변할 것만 같이 생긴 소들이 모여 있다. 코앞까지 와서 이 모습을 못 보고 갔으면 얼마나 후회했을까…….

코바동가에서 산길을 올랐던 순간이 꼭 우리가 살면서 마주하는 인생의 순간들 같았다. 어느 정도 가야 목적지에 다다를지, 이 위험한 길로 무작정 오르는 게 맞을지. 올라가면 과연 호수가 나오긴 나오는 건지. 중간 지점. 차를 돌려서 내려가야 하나, 아니면 포기하지 않고 끝까지 가보고 뭐가 있는지 내 눈으로 직접 확인해야 하나.

아직 보이지 않는 미래가 많기 때문에 늘 불안함을 안고 있다.

이 길이 맞는 길인가. 그대로 가야 하나, 말아야 하나. 안전을 위해 타협해야 하나. 그래도 길 끝에 뭐가 있는지 가봐야 하나. 그럼 답이 나오긴 할까.

같은 넓이의 길을 가더라도 때로는 낭떠러지 같은 불안함을 이기고 나면 언제 그랬냐는 듯, 평평하고 안정된 길이 나온다.

코바동가에서 한 시간 동안 차를 달린 경험은 지금 내게 지침서와 같은 역할을 한다. 끝까지 가보지 않았더라면, 그 경치를 못 봤더라면 얼마나 두고두고 후회할 뻔했는가. 목적지가 어디쯤에 있는지 몰랐기 때문에, 얼마나 가야 하는지 몰랐기 때문에, 처음 가보는 길이었기 때문에 손에 땀이 날 만큼 길게 느껴졌던 길이 되돌아올 때에는 반의 반밖에 걸리지 않은 것 같다.

확실한 것보다 불확실한 게 더 많은 현재를 어떻게 대해야 하는지 그 마음가짐을 배운다.

언젠가 답을 찾았다는 생각이 들 때 코바동가 산길을 꼭 다시 오를 것이다.

세상의 끝을 찾다 발견한 장소

라코루냐 La Coruña

산티아고데콤포스텔라 근방의 라코루냐는 2세기 때 세운 헤라클레스 등대가 있는 곳이다. 1900년이 지났음에도 불구하고 현재 운영되고 있는 등대 중 가장 오래된 등대로 현재 유네스코 세계 문화유산에 등재되어 있다.

미리 찾아본 정보에 따르면 밤 9시까지 헤라클레스 등대의 문을 연다고 한다. 총 다섯 시간 이상을 운전했던 날, 나는 부랴부랴 8시 20분경 헤라클레스 등대 공원 주차장에 차를 댔다. 여전히 환한 스페인의 여름. 다행히 올라가볼 수 있겠다고 여유를 부리며 언덕을 천천히 걸어 올라갔는데 8시 반까지만 입장을 허용한다며 매표소에서 거절당하고 말았다. 시계를 봤더니 8시 35분.

'아……. 엄마가 좀 더 서두르자고 할 때 말 들을걸…….'

마감 사실을 벤치에 앉아 기다리는 엄마에게 알렸다.

"할 수 없지, 뭐. 여기서 봐도 너무 좋은걸?"

엄마 말 안 들었다고 핀잔줄 줄 알았던 엄마에게서 돌아온 예상외의 반응. 엄마의 환한 표정을 보니 여행 떠나기 전과 다르게 마음이 많이 가벼워진 것 같았다.

당황스러운 순간들. 뭐 여행하다 보면 이런 일이야 늘 다반사였다. 처음 겪었다면 자책하고 안타까워했겠지만. 이쯤이야, 하고 이젠 허허 웃으며 넘어갈 수 있다. 그냥 지금 이 순간을 즐기자. 꼭 등대 꼭대기에 오르지 않아도 지상에서 바라보는 라코루냐의 모습은 환상적이다. 헤라클레스 등대와 어울리는 바다. 북대서양 바다의 절정을 보여주는 듯했다.

우리가 그곳에 다녀온 지 얼마 되지 않아 드라마 〈푸른 바다의 전설〉이 시작됐는데 주인공이 어렸을 때 엄마와 헤어진 장소로 나온 곳이 바로 이 라코루냐의 헤라클레스 등대였다. 세상의 끝을 찾다가 발견한 장소. 두 주인공이 마피아들에게 쫓겨 바다에 뛰어드는 장면에 나온 곳도 바로 이 라코루냐였다. 그 장면을 보고 우리가 다녀온 곳이란 걸 단번에 알아보고는 부엌에 있는 엄마를 애타게 불렀다.

"엄마! 저기, 우리 갔다 온 데 나왔어!"

주인공의 엄마가 어린 주인공에게 '여기서 헤어진 사람들은 꼭 다시 만난대.'라며 헤라클레스 등대의 전설에 대해 얘기하는 장면을 보며 엄마와 난 그들보다 우리가 먼저 갔다 왔다는 사실에 더 신이 났다. 그 전설이 사실인지 모르겠지만 우린 그곳에 함께 갔다 왔으니 헤어져도 꼭 다시 만날 거라며 추억을 되새겼다.

"너 하마터면 엄마랑 헤어질 뻔했어. 그때 널 진짜 잃어버렸으면 어쩔 뻔했니?"

"무슨 소리야?"

엄마는 내 기억에 없는 이야기를 꺼냈다.

어느 주말, 사람이 아주 많았던 어린이 대공원. 어린 동생은 유모차에 타고 있었고, 서너 살 된 나는 유모차 손잡이 높이만 한 키에 엄마 아빠를 졸졸 따라다니다 아빠가 잠시 음료수를 사러 간 사이 다른 사람이 엄마인 줄 알고 따라가다 길을 잃었단다. 내가 아빠를 따라간 줄로만 알고 기다렸는데 아빠가 돌아와서야 내가 없어진 걸 안 엄마는 혼비백산하여 미아보호소로 뛰어갔다. 그때 웬 아이가 울면서 보호소 직원을 따라 계단을 올라가고 있었다. 엄마 눈엔 멀리서 보아도 딱 자기 딸이었단다. 나는 그 사람이 엄마가 아닌 걸 알아채고는 세상이 떠나가라 울기 시작했다고. 그때 엄마와 헤어졌더라면 나는 지금 어떻게 됐을까.

"아니, 엄마가 딸을 잃어버리다니! 왜 나 안 챙겼어!"

나는 도리어 적반하장으로 나갔다.

"네가 엄마를 잘 쫓아왔어야지. 엄마는 동생 챙겨야 되는데 멍 때리다 엉뚱한 사람을 쫓아가고 그럼 어떡해? 그때 잃어버렸으면 지금 어디서 어떻게 살았을 거야, 어이구."

웃을 일이 아니지만 반어법에 익숙한 엄마와 딸은 25년이 지난 지금에 와서야 온전한 친구가 되어 서로를 타박하며 웃는다. 대충 말해도 찰떡같이 알아듣는 사이. 이것이 바로 사랑하는 사람들이 그토록 바라는 일이 아니겠는가. 그런 일이 있었다고 하니 한참을 웃다 바라본 엄마의 얼굴이 더 반가워 두 팔을 벌려 엄마를 꼭 끌어안았다.

"그러니까 우리는 헤어질 운명이 아니었던 거야."

그때 엄마 나이가 지금의 내 나이쯤 되었을 텐데 어린 엄마는 얼마나 소스라치게 놀랐을까. 내가 참 가지가지로 엄마 속을 많이 썩였구나 싶었다. 우리가 막 다녀온 라코루냐가 드라마에 나온다고 서로 흥분해서 얘기를 시작했다가 그렇게 또 감사해야 할 일로 얘기를 마무리했다.

스페인 북부 여행에는 동생도 동행했기 때문일까. 엄마와 단둘이 여행했을 때보다 웃음소리가 더 컸다. 엄마는 딸들이 운전도 해주고 짐도 들어주어 딸 키운 보람이 있다고 한다. 별것도 아닌 이런 소소한 일들만 봐도 너무 좋다며 우스꽝스러운 제스처에 천진난만한 표정을 지을 만큼 신이 난 엄마. 그런 엄마를 보는 우리도 덩달아 신이 났다. 행복하다.

순례자의 최종 목적지

산티아고데콤포스텔라 Santiago de Compostela

밤이 늦어서야 겨우 찾아 들어간 호텔은 너무 어둡기도 했지만 워낙 오래된 건물이라 방에 들어섰을 때의 칙칙한 느낌 때문에 산티아고의 첫인상이 그리 산뜻하지만은 않았다. 게다가 침대 옆에 어느 무표정한 여자 그림이 크게 걸려 있었는데, 밤에 불을 끄고 누우면 그림 속 여자가 나를 뚫어지게 쳐다보는 것 같아 너무 무서워서 그림 쪽으로는 돌아눕지도 못했다.

이튿날 아침, 살짝 열어놓은 창문으로 커튼이 날리며 불어오는 바람결에 잠이 깼다. 침대에 누운 채로 실눈을 뜨고 창밖을 내다봤다. 산티아고는 어젯밤에 본 모습과 사뭇 다른 느낌이 들었다. 어느새 잠이 달아났다. 나는 이 도시가 무척이나 궁금해졌다.

앞으로 쏟아질 것만 같은 큰 배낭에 등산용 스틱을 짚고 몇 날 며칠을 걸어 산티아고에 도착한 순례자들이 많이 보인다. 대단하다는 말밖에 나오지 않는다. 호텔이 우중충하다고 불평하며 잠들었던 어제의 내 모습을 반성한다.

산티아고데콤포스텔라는 12사도 중 한 사람인 성 야고보의 순교지로 알려져 있다. 산티아고는 스페인어로 야고보를 뜻한다. 9세기 아스투리아스 왕국에 기독교를 전파한 사도 야고보의 유해가 묻힌 장소를 별이 나타나 가리켰다고 믿은 알폰소 2세가 이곳 산티아고데콤포스텔라에 유럽에서 가장 큰 순례 성당을 세웠다. 이후 이곳은 예루살렘, 로마에 이은 가톨릭 3대 순례지 중 하나가 되었다.

산티아고데콤포스텔라 대성당에는 매일 낮 12시에 순례자를 위한 미사가 열린다. 대성당으로 가는 길, 성지 순례길에서 나침반 역할을 하는 조개 문양의 표시가 대성당까지 가는 길을 안내한다.

성당 안에는 이미 수많은 사람들이 순례자를 위한 미사에 참례하려고 자리하고 있다. 미사 때 가장 대표적인 의식은 보타푸메이로(Botafumeiro)라는 의식이다. 순례자에게 나는 악취를 해소하고 지친 순례자의 마음에 평안을 주며 질병을 예방하기 위해 시작된 의식이라고 한다. 무게 80킬로그램, 높이 1.6미터의 은으로 만든 대향로에 숯과 향을 넣고 사제 8명이 천장에서부터 길게 내려온 줄을 잡아당겨 향로를 좌우로 이동시킨다. 11세기부터 시작된 이 의식은 과거에는 향로가 양쪽 창밖까지 뚫고 나갔다고 한다. 성가대가 부르는 찬송가의 화음이 성스럽게 울려 퍼진다.

나는 800킬로미터나 되는 성지 순례길을 걷지 않고 경치를 구경하며 관광 삼아 왔다. 이 길을 직접 두 발로 걸어온 사람들의 감격스러움이 어떤지 감히 안다고 말할 수는 없다. 하지만 보타푸메이로 의식을 보면서 그들이 순례길을 걸어 도착했을 때 흘리는 눈물의 의미를 조금은 알 것 같았다. 삶의 가치에 대한 깨우침을 얻으려고 기꺼이 힘든 길을 걸어온 분들께 진심으로 존경을 표한다.

나는 비록 아주 열성적인 천주교 신자는 아니어도 모태 신앙인이다. 마음이 힘들 때마다 성당을 찾아 위안을 얻곤 했던 내가 산티아고 대성당에서, 그것도 순례자를 위한 미사에 함께 참례하다니……. 가슴 깊이 감동의 물결이 밀려왔다.

산티아고 대성당 중앙, 성 야고보 성상 뒤에서 성상 어깨에 손을 올리고 소원을 비는 것은 대성당의 작은 이벤트다. 너무나 많은 소원이 있었다. 이루고 싶은 꿈, 바람. 그러나 이곳의 수많은 순례자의 모습을 보며 내가 바라는 것들을 위해 기도한다는 것이 사치스럽고 무의미하게 느껴졌다. 그저 사랑하는 사람들과 이 모든 것에 대한 감사함을 오래도록 잊지 않고 따뜻하고 성숙하게 살아갈 수 있기를 기도한다.

대성당에서 충분한 시간을 보내고 밖으로 나오니 신이 축복을 내린 것처럼 하늘이 파랗다. 순례자들이나 강아지를 데리고 성당 앞으로 산책 나온 노부부, 기념품 파는 상인들 모두 각기 다른 이유로 이 작은 광장에 모여 있지만 이들 모두에게 공통으로 보였던 것은 하나. 바로 삶에 대한 열정이었다. 지금 이 광장에 모인 다양한 사람들을 보며 문득 '존중'이라는 단어가 떠올랐다.

우리에게 누군가의 인생을 멋지다고 칭찬할 자격은 얼마든지 있지만 누군가의 잘잘못을 평가할 자격은 없다. 그럼에도 불구하고 사람들은 끊임없이 상대에게 자신만의 잣대를 들이대며 그의 삶을 쉽게 평가하려 든다. 내가 먼저 남을 존중할 줄 알아야 나도 남에게 존중받는다는 것. 이 하나만 기억하고 실천해도 우리 사회에는 행복한 사람들이 더 많아지지 않을까.

"역시 산티아고가 다르긴 다르다, 그렇지?"

또 오고 싶은 곳의 목록이 늘어나 큰일이라는 엄마. 그 어느 도시도 따라갈 수 없는 골목 구석구석까지 영적인 기운이 고스란히 전해오는 산티아고 성지 순례길 여행이었다.

카나리아 제도, 이색적인 스페인 최고의 휴양지

테네리페섬 Tenerife

사실 테네리페섬 여행을 계획하면서 엄마와 좀 다퉜던 일이 두고 두고 마음에 걸린다. 여행을 떠난다 하면 보고 싶은 곳이 많아 무리하게 계획을 잡는 엄마와 의견이 엇갈릴 때가 몇 번 있었다.

"조금씩 무리하지 않게 다니고 다음에 또 가면 되지 왜 이렇게 한 번에 다 보려고 하는 건데?"

"엄마 내일모레면 육십이야……. 이모가 그랬는데, 육십 되면 다니는 게 오십 대와 확실히 차이가 난대. 육십오 세가 넘어가면 장거리 여행도 힘들고. 내가 지금 그래. 최대한 다닌다 해도 칠십? 십 년밖에

안 남았어. 그다음엔 비행기 오래 타면 힘들어. 엄만 아직도 가보고 싶은 데가 너무 많거든……."

10년? 갑자기 심장이 쿵 내려앉았다.

엄마는 엄마의 시간을 계산하고 있었다. 엄마가 매 순간 시간을 느끼고 있다는 걸 미처 알지 못했다.

10년 전 그리스 여행 때의 엄마와 지금의 엄마가 많이 다르긴 하다. 그때 엄마는 정말 모든 걸 다 할 만큼 젊고 용감했다. 엄마 사진을 꺼내 봤다. 해맑은 웃음을 짓고 있는, 젊고 예쁜 우리 엄마. 그러고 보니 그때 엄마 나이는 40대였다.

"엄마, 무슨 소리야! 요즘 70대는 청춘이야."

엄마의 말을 엄살로 치부하며 얼렁뚱땅 넘겼지만 섬까지 가는 건 힘들 것 같다고 엄마에게 툴툴거렸던 것이 너무 미안해졌다.

dolphins
whales
TREKKING MASCA
www.mascaexpress.com
FLIPPER UNO
TICKETS HERE
Trekking Masca
Dolphins and/or whales
FREE

괜스레 울컥한 마음으로 여행을 계획했던 곳. 엄마는 지난 스페인 여행 때 마요르카섬에 반해 다른 스페인 섬을 더 가보고 싶다고 했다. 그렇게 고른 곳이 카나리아 제도에서 가장 큰 테네리페섬이었다. 그러고 생각해 보니 이번 스페인 여행이 아니면 엄마가 카나리아 제도까지 가볼 기회는 오지 않을 수도 있겠다는 생각이 들었다.

산티아고데콤포스텔라에서 섬까지 비행기로 가면 세 시간이 걸린다. 테네리페섬은 스페인령에 속하면서도 대서양에 접한 모로코와 더 가깝다. 스페인 섬 중 사람들이 가장 많이 사는 섬이자 세계에서 가장 큰 규모의 카니발이 열리는 섬이다. 섬 중앙에 솟아 있는 화산인 테이데 봉(El Teide)은 해발 3,718미터로 스페인 섬뿐 아니라 대서양 섬 중에서 가장 높은 봉우리를 자랑한다.

바다와 하늘이 이렇게까지 파랄 수 있는 건가. 여긴 꼭 보고 가야 한다며 결국 갓길에 차를 세웠다. 파랗다 못해 다른 세계로 빨려 들어온 것만 같다. 뭉게뭉게 솜구름이 물 한 방울만 닿아도 금세 녹아버릴 듯 눈높이에서 둥둥 떠다니고 모로코풍의 알록달록 원색 집들은 이국적인 정취를 자아낸다. 좁은 골목은 서울의 어느 한 가파른 골목을 보는 듯 익숙하다.

테네리페섬은 해양 스포츠와 돌고래 보트 투어가 인기다. 어릴 때부터 돌고래를 그렇게나 좋아했으면서도 테네리페섬 돌고래 보트 투어가 유명하다는 걸 몰랐다니. 여행지에 와서야 내가 뭘 놓쳤는지 깨닫고 여행조차 공부가 부족하면 얼마나 큰 손해를 보게 되는지 다시 한 번 배운다.

물론 여행을 가려면 시간도 돈도 필요하다. 하지만 시간이 많다고, 돈이 많다고 누구나 다 여행을 '잘' 할 수 있는 건 아니다. 여행도 부

지런해야 그만큼 값진 경험을 쌓을 수 있다. 노력이 부족한 여행은 남는 것도 별로 없다. 그래서 따라만 다니는 여행보다 떠나기 전부터 준비하고 낯선 길을 찾아다니고 어려움을 스스로 해결해나가는 여행이 내게 훨씬 더 많은 걸 남겨준다. 아무리 다녀도 부지런함이 부족한 것 같아 늘 아쉬운 게 여행이다. 더 공부하고 올걸. 계획을 더 꼼꼼하게 짜서 올걸. 공부가 부족한 여행은 늘 후회로 남기 마련이다.

얼마 전 〈윤식당〉 촬영지로 가라치코가 검색어 1위로 뜬 걸 봤다. '내가 다녀온 그 가라치코?' 하며 무척이나 반가웠다. 테네리페섬 외진 구석, 북서부 연안 열대림에 작은 어촌 마을 가라치코가 있다. 약 300년 전 화산 폭발로 마을 대부분이 큰 피해를 입었으며 당시 용암이 덮쳤던 상흔이 지금도 곳곳에 남아 있으나 여백의 밝은 기운이 뻗어 있는 곳.

가라치코에는 여백의 미가 많다. 번잡스럽지 않고 듬성듬성한 카페 몇 군데, 교회 하나, 그리고 드러나지 않은 상점들이 전부다. 문이 닫혀 있을 땐 평범한 가정집 같지만 안으로 숨겨진 상점들. 문을 열고 밖에다 물건을 진열하는 걸 보면 그제야 상점이란 걸 알 수 있다. 상점 주인들은 지나가는 사람들 붙잡고 물건 사라고 권하지 않는다. 가족이 운영하는 식당은 주로 정성 가득한 가정식을 판다. 아주 작은 것들 하나하나가 모두 귀한 곳.

지나가다 보니 한 예쁜 주황색 건물 앞에 조그맣게 호텔 표시가 돼 있다. 지키는 사람도 없이 그저 문이 열려 있었을 뿐이다. 안에 들어가 보니 야자수를 심은 중정이 나오고 객실들이 반야외로 되어 있는, 어딘지 모르게 멕시코와 일본을 섞어놓은 듯 묘한 느낌이 나는 부티크 호텔이다. 〈데일리 텔레그래프(Daily Telegraph)〉는 이 산로케 호텔(Boutique Hotel San Roque)을 일컬어 '하바나 스타일의 매력과 최첨단 현대 설비가 미묘한 조화를 이룬다'고 묘사했다.

다시 발길을 돌려 구불구불한 길을 따라 천천히 돌며 올라가자 해가 지려고 한다. 그 아쉽고 설레고 아련한 순간……. 노을이다. 딱 봐도 명당자리에 예쁘게 홀로 서 있는 'Casa Mara'로 다가가 잠시 멈춰서서 테네리페 그 푸르디푸른 바다에 떨어지는 석양을 바라본다. 매일 아침저녁 해가 뜨고 지고……. 하루를 마무리하며 새로운 내일을 기다린다.

역시 엄마 말을 들으면 자다가도 떡이 생긴다더니. 그 먼 섬을 뭐하러 가느냐고 툴툴댔는데, 엄마 덕분에 이곳 테네리페섬까지 와 넓은 세상을 마주하며 엄마보다 내가 더 가슴이 벅차오른다.

테네리페섬에 지는 석양은 빠르지 않다. 뉘엿뉘엿 넘어가는 해가 감동적이다.

그리고 또 이 순간, 감사하다.

지금 엄마도 나처럼 아무런 아쉬움 없이 설렘 가득 물드는 석양빛을 바라보았으면 좋겠다.

시칠리아와 몰타

part 5
시간이 지나면 더 생각날 것 같은 곳
Sicilia & Malta

2017년 4월이다. 금요일 새벽 3시. 온갖 여행 책자, 지도, 공책, 메모지, 프린트물이 식탁을 뒤덮고 있다. 꼭 1년 만이다. 엄마와 난 식탁 앞에 나란히 앉아 3주 후 떠날 여행 계획을 짜고 있다.

돋보기를 쓰고 열심히 메모하는 엄마는 마치 밤새 벼락치기 하는 늦깎이 학생 같다. 눈을 찡그리며 스마트폰을 들여다보다 결국 나를 부른다.

"블로그에서 좋은 정보 찾았는데 잘 안 보여. 프린트 좀 해줘."

그리고 엄마가 꼭 덧붙이는 한마디, "글씨 크게!"

여행을 떠나기 전, 스마트폰을 먼저 드는 딸과 세계지도를 먼저 펴는 엄마.

태블릿 PC가 더 편한 딸과 종이 책자가 더 편한 엄마.

그 나라 맛집을 먼저 찾는 딸과 그 나라 역사와 명소를 먼저 공부하는 엄마.

나는 이제 그만 시칠리아 여행 준비를 마치고 때마침 할인 행사 중인 고전 영화 〈시네마 천국〉을 보려고 한다. 시칠리아 체팔루가 배경인 〈시네마 천국〉을 많은 사람들이 인생 최고의 영화로 꼽는다. 정말 명작 중의 명작이다. 한국인이 가장 좋아하는 영화 1순위에도 오르내리는 작품인데 나는 이 영화를 좀처럼 볼 기회가 없었다.

영화가 시작되기를 기다리는 이 순간, 벌써 설레기 시작한다.

이미 여행은 시작되었다.

"옛날엔 모르는 데 가는 게 마냥 신났는데 이제는 좀 겁나. 엄마도 늙나 봐……."

떠난다는 것은 늘 두려움이 앞서는 일이다. 이번 여행을 하면서 예전과 달라진 것이 몇 가지 있었다. 10년 전 용감했던 엄마가 겁이 많아졌다는 것이고 건강을 위한 약품과 물품을 챙겨 가야 한다는 것이었다. 각종 비상약과 영양제, 그리고 고질병이 되어버린 목 디스크 치료용 마사지 기구까지. 언제나 강한 존재였던 엄마가 약해졌다. 우리 엄마도 나이가 들긴 드나 보다.

시칠리아는 수년 전부터 엄마가 가보고 싶다고 노래를 부르던 곳이었다. 본젤라토가 처음 발명된 곳. 레몬 · 오렌지 · 아몬드 · 피스타치오 본젤라토가 특별히 더 맛있는 곳. 세계 3대 소금 산지 중 하나이며 시칠리아 관광객 중 70퍼센트가 미식 여행자일 만큼 전 세계 미식 여행자의 성지다.

독일의 철학가이자 작가인 요한 볼프강 폰 괴테는 일찍이 "시칠리아를 가보지 않았다면, 이탈리아를 봤다고 할 수 없다."고 말했다. 도대체 얼마나 엄청난 매력을 갖고 있는 곳이기에 괴테가 이런 극찬을 했을까.

시칠리아는 지중해 연안의 가장 큰 섬이자 이탈리아의 자치주다. 그리스, 로마, 스페인, 터키 등 내가 앞서 다녀온 모든 여행지의 문화가 한데 어우러져 살아 숨 쉬고 있는 곳이라 해도 과언이 아닐 것이다. 그 역사는 그리스인이 시칠리아를 찾아온 때부터 시작된다. 과거 이곳은 군사적 요충지란 이유로 그리스, 로마, 스페인 등으로부터 끊임없는 공격과 지배를 받아왔다. 기원전 8세기 그리스가 이탈리아 땅에 들어와 최초로 도시를 세운 곳이 시칠리아 시라쿠사다. 기원전 7세기 그리스 도시국가 중 하나로 건설되었던 세리눈테의 아크로폴리스는 그리스 본토에 있는 신전들보다 보존 상태가 훨씬 더 훌륭하다. 노르만족에 의해 세워진 시칠리아 왕국은 종교의 틀을 깨고 이슬람교와 기독교가 함께 공존하는 사회, 모든 문화가 어우러지는 이상적인 사회를 형성하고자 했다. 이런 다채로운 역사적 배경이 시칠리아가 가지고 있는 그 묘한 느낌을 조금은 설명해준다.

로마 공항에서 비행기를 환승해 팔레르모까지 갈 것이다. 그러자면 저녁 7시 반경 로마 공항에 내려 다시 9시 반 비행기에 올라야 한다. 빨리, 헤매지 않고 이탈리아 국내선 환승 게이트에 도착해야 할 것이다.

로마 공항에 내린 순간 기억이 났다.

'아, 여기선 아무도 날 도와주지 않지…….'

여행 대장이 엄마에서 나로 바뀌었다. 이미 한 짐 잔뜩 메고 가는데 거기에 책임감이란 무게가 더해진다. 이탈리아에 왔으니 소매치기 걱정에 나도 모르게 긴장이 됐는지 옆으로 멘 가방을 더욱 꼭 잡고 걷는다. 타국에 발을 디디는 순간 모든 감각이 곤두선다. 눈동자가 더 빠르게 움직인다. 어느 순간 내가 앞장서서 빠른 걸음으로 걸어가고 엄마와 동생은 내 뒤를 따라온다. 혹시나 하고 비행 시간표 화면을 확인하니 아니나 다를까 게이트가 바뀌었다. 겨우 제시간에 맞춰 게이트 앞에 도착하니 사람들의 시선이 느껴진다.

'아, 참! 나 이제 외국인이지.'

동양인은 우리뿐이었다.

작은 비행기에 타니 옆에 앉은 엄마 얼굴이 자세히 보인다. 살면서 엄마 얼굴을 이렇게 가까이, 그리고 이렇게 자세히 들여다볼 일이 얼마나 있을까? 피곤함이 역력한 엄마 얼굴에 언제 생겼는지 모를 주름이 보인다. 괜스레 속상한 마음에 '요새 다들 관리 열심히 해서 나이를 몰라볼 만큼 젊게 보이던데 엄마도 운동하고 신경 좀 쓰라'고 핀잔을 준다. 평소에도 엄마는 화장기 없는 얼굴로 다니는데 내 말 듣고 특별히 더 신경을 쓸 리 없다.

사실 나는 수수한 엄마 모습이 익숙하다. 엄마처럼 꾸밈없이 곱게 나이 들고 싶다. 그런 엄마 모습이 좋으면서도 나는 마음과 상반되는 잔소리를 한다.

지금 하는 잔소리는 엄마를 위한 것일까. 아니면 내 욕심에서 비롯된 나를 위한 것일까.

팔레르모 공항에 도착하니 밤 12시다. 왜 여행길엔 이렇게 별것도 아닌 작은 일이 크게 느껴지는 걸까. 렌터카에 문제가 생겼다. 분명히 오토매틱 자동차를 예약했는데 렌터카 업체에서 수동 기어 자동차를 내민다. 그건 안 된다니까 오토매틱 자동차는 이거 하나밖에 없다며 여행 가방 두 개조차 실리지 않을 작은 차 열쇠를 내민다. 늦은 시간이라 따질 기력도 없어 여자 셋이 그 작은 사이즈의 트렁크에 가방들을 싣고자 연신 낑낑거리며 시도하다 결국 포기하고 말았다. 도저히 안 되겠다 싶어 씩씩거리며 사무실 데스크 앞에 섰다. 그러고는 내가 예약한 차종이 바로 앞에 있는데 어떻게 그 두 차가 'similar'이냐고 따져 물었다. 이럴 땐 영어가 공용어인 게 참 다행스럽다. 선호하는 방법은 아니지만 외국에서도 목소리 큰 사람이 이긴다는 말을 실천으로 옮기는 게 더러 필요할 때가 있다. 외국일수록 더 당당해야 한다. 특히 동양인이 적은 여행지일수록 뭘 모르는 동양인이겠거니 하고 대충 넘어가려는 순간을 꽤 자주 맞닥뜨릴 수 있기 때문이다.

처음 예약한 차종은 아니었지만 결국 큰 차를 받아냈다. 가방이 넉넉히 실리고도 남을 만큼 트렁크가 컸다. 그러나 승차감이 너무 안 좋아 목 디스크가 있는 엄마에겐 이번 여행이 유독 더 힘들었다.

마피아의 도시

팔레르모 Palermo

노르만족에 의해 세워진 시칠리아 왕국은 이슬람 문화와 기독교 문화가 공존하는 이상 사회를 만들고자 했다. 유네스코 세계 문화유산에 등재된 '아랍-노르만 팔레르모 그리고 체팔루 대성당과 몬레알레 대성당'은 연원과 종교를 달리하는 다양한 인종이 이곳에서 상호 공존하며 풍요로운 결실을 맺었다는 증거이자, 여러 양식의 융합과 상이한 문화에서 채택한 요소를 혁신적이고 통일성 있게 재구성하여 문화적으로 새롭게 탄생시킨 탁월한 사례다. 괴테는 일찍이 시칠리아 팔레르모를 '세상에서 가장 아름다운 이슬람 도시'라 칭송한 바 있다.

이슬람 문화와 기독교 문화가 한데 어우러진 팔레르모는 영화 〈대부〉의 촬영지이기도 하다. 베르디 광장의 마시모 극장(Massimo Theatre)은 유서 깊은 오페라 극장인데 〈대부〉 3의 마지막 장면이 이곳에서 촬영되었다. 배우 알파치노가 총에 맞아 죽은 딸을 안고 오열한 곳이다. 예전엔 마피아의 핵심 활동지여서 마피아의 도시라 불렸으나 현재 시칠리아에는 더 이상 마피아들이 남아 있지 않다.

우리는 팔레르모 역사 지구 한가운데에 위치한

콰트로 칸티(Quattro Canti, '사거리'란 뜻)를 거쳐 '부끄러움의 광장' 프레토리아 광장(Piazza Pretoria)을 지나 이슬람 분위기가 물씬 풍기는 벨리니 광장(Piazza Bellini)에 다다른다. 벨리니 광장에는 유네스코 세계 문화유산에 등재된, 분위기가 전혀 다른 두 교회가 나란히 붙어 있다. 바로 마르토라나(Martorana) 교회와 산카탈도(San Cataldo) 교회다.

마르토라나 교회는 전형적인 바로크 양식으로 지은 교회다. 내부가 '아라비안나이트' 느낌이 나는 황금빛 모자이크로 장식되어 있는데 과하다는 느낌이 전혀 들지 않았다. 몬레알레 두오모의 축소판 같은 느낌이랄까. 화려하다는 수식어보다는 은은하고 세련된 느낌이 예뻐 모자이크에 담겨 있는 이야기를 하나하나 자세히 들여다본다.

산카탈도 교회는 노르만 교회 건축 양식에 아랍 양식이 혼합된 건축물이다. 세 개의 붉은 돔 지붕이 이색적이다. 이 분홍빛을 띤 붉은 빛은 사실 의도된 빛이 아니라 건축 도중에 생긴 실수로 나온 빛이라고 한다. 시간이 지나니 그 독특한 색이 오히려 더 특별한 매력으로 많은 이들의 이목을 집중시키고 있다.

한눈에 봐도 똑 닮은 금발의 모녀가 열심히 교회 구석구석을 감상한다. 그 모습에 엄마와 난 마치 동지를 만난 듯 정다운 웃음을 주고받는다.

체팔루(Cefalù)에 대한 느낌이 궁금해서 본 영화였지만 어떻게 이런 영화를 지금에야 보게 되었는지. 나의 심금을 울린 영화 〈시네마

천국〉. 영화 자체에 푹 빠져 영화 속 체팔루가 어떤 모습이었는지는 잘 기억나지 않는다.

팔레르모는 관광지라는 눈부신 아름다움보다는 빨래를 널어놓은 발코니까지도 풍경 중 일부라 할 수 있을 만큼 시칠리아 사람들의 실제 모습을 가깝게 엿볼 수 있는 도시다.

낯선 우리가 신기해 힐끗힐끗 쳐다볼 뿐 볕이 잘 드는 발코니에 빨래를 너는 일. 그들은 매일의 삶에 더 집중하고 있다.

서로 무관심해서일까. 거주자인 그들의 시간도, 여행자인 나의 시간도 다른 때보다 더 느리게 흐른다.

시칠리아 왕국 시대 체팔루 대성당은 12세기 노르만 왕 로저 2세에 의해 지어지기 시작했다. 당시 선진국이었던 이슬람의 영향을 받아 대성당 내부엔 아랍 문양과 아라비아 문자가 그대로 남아 있다.

해변가 벤치에 앉아 있는 사람들을 보고 갑자기 〈시네마 천국〉 토토와 알프레도가 떠오르는 건 왜일까? 알프레도는 체팔루 해변을 걸으며 아들처럼 사랑했던 토토의 미래를 위해 그에게 도시로 가라고, 그리고 이곳을 잊고 돌아오지 말라고 말하며 그를 떠나보낸다. 그것이 그들의 마지막이었다.

팔레르모로 돌아오는 길, 석양이 해변을 가로지르며 뉘엿뉘엿 지기 시작한다.

토토는 이곳을 떠나 그 삭막한 도시에서 정 많고 따뜻했던 체팔루가 얼마나 그리웠을까.

ARCHAN
GELVS,

'왕의 산'이라는 뜻으로 한 장의 명화 같은 아담한 도시 몬레알레(Monrealé)에 도착해 대성당 문을 열고 들어선 순간, 눈이 휘둥그레졌다. 깔끔하면서도 우아한 아치 모양, 바닥과 벽면에 새겨진 문양, 그리고 화려하면서도 고운 황금빛 모자이크와 기하학적 문양의 실내 장식. 감히 말하건대 몬레알레 대성당은 그 어떤 두오모보다 웅장하다. 섬세한 손기술이 돋보이는 장식과 디테일에 놀라지 않을 수 없었다.

엄마는 벽면 가까이 다가가 줄 하나하나를 어루만지며 자세히 들여다본다.

"세상에, 이것 좀 봐. 어떻게 이걸 다 만들었을까? 하나하나 다 조각을 냈어. 사람 손으로 직접 돌을 쪼개서 만들었을 거 아냐. 정말 아름답다……. 이 아름다움을 위해 얼마나 많은 사람이 희생되었을까……."

엄마는 언젠가부터 이런 대형 건축물을 보면 오랜 시간에 걸쳐 건축물이 완성되기까지 얼마나 많은 사람이 목숨을 잃어가며 희생을 감내해야 했을지 안타깝다고 말한다. 나는 아름다운 것들을 보며 예쁘다고 설레기만 할 때, 엄마는 그 안에 내재된 노고와 희생을 들여다본다. 우리는 아름다움을 포함해 지금 우리가 누리고 있는 많은 것들에 대해 얼마나 감사하며 살고 있는가. 나는 충분히 그러지 못했던 것 같다는 생각이 든다.

성당 밖 광장에는 모자이크를 파는 상점이 늘어서 있다. 화려한 모자이크는 보는 사람으로 하여금 감탄사가 절로 나오게 한다. 이 순간들을 생생히 기억하고 싶다. 엄마는 돌을 하나하나 깨 모자이크를 만드는 한 세공인에 이끌려 상점 안으로 들어가더니 그의 뒤에 서서 모자이크 만드는 과정을 한참 구경했다. 마치 아이가 무언가에 홀린 듯 빠져들어 집중하는 엄마의 모습이 무척이나 귀엽다.

언제부터 엄마에게서 아이의 모습이 보이기 시작했는지 모르겠다. 정확히 기억나진 않지만 요즘 들어 부쩍 엄마가 그렇게 보이는 걸 보면 우리의 시간이 정말 많은 부분 교차되고 있나 보다.

천공의 성

에리체 Erice

해발 750미터에 위치한 옛 중세도시 '천공의 성' 에리체. 지중해 중심에 있다는 지리적 조건 때문에 과거 그리스, 로마, 스페인 등으로부터 잦은 공격에 시달렸던 시칠리아에서 에리체는 바다 건너 쳐들어오는 적들을 관찰하는 망루 도시였다.

시칠리아 북서쪽 끝자락에 위치한 작은 항구도시 트라파니에서 구불구불한 산길을 따라 차로 30여 분 오르면 에리체를 만날 수 있다. 고대 로마 시대부터 소금 산지로 유명했던 트라파니는 현재에도 세계 3대 소금 산지 중 한곳이다. 높은 기온, 적당한 바람, 그리고 얕은 수심. 예전엔 소금이 화폐 대신 사용되었던 시절도 있었을 만큼 귀했다고 한다. 소금 생산에 더없이 좋은 조건을 갖춘 시칠리아에서 소금은 예로부터 지역 경제의 중요한 부분을 차지했던 셈이다.

에리체에 가려면 경사가 급한 지그재그 좁은 산길을 차로 30분 이상 달려야 한다니 막막했다. 노르웨이 게이랑에르 '독수리 길'을 올랐을 때 그 좁은 급커브길에서 대형 버스와 맞닥뜨렸던, 식은땀 나던 경험이 떠올랐기 때문이다. 이 길이 그 길보다 몇 배나 더 길다고 하니, 덜컥 겁부터 났다.

"트라파니에서 에리체로 오르는 케이블카가 있다고 본 거 같은데, 그게 여기서 얼마나 떨어져 있는지 모르겠네?"

한 블로그에서 트라파니-에리체 간 산악 케이블카 푸니쿨라 내용을 본 것 같다고 한 엄마의 말에 인터넷으로 찾아보니 푸니쿨라 승강장이 근처에 있었다. 그러나 그곳에서 우리는 말로만 들었던 시칠리아 사기꾼을 만나게 된다.

내비게이션의 안내에 따라 푸니쿨라 승강장에 도착할 때쯤 골목 앞에 굵은 매직펜으로 화살표와 함께 'Funicular'라고 쓴 종이가 붙어 있다. 그리로 들어가야 하나 하고 잠시 머뭇거리는 찰나, 두 남자가 차 쪽으로 다가오며 이쪽으로 가라고 다급하게 손짓을 하는 거라. 나는 속으로 '아, 이게 말로만 듣던 시칠리아 주차 사기꾼이구나. 내가 속나 봐라.' 했다. 뒤쫓아오는 두 남자를 뒤로하고 내비게이션의 안내에 따라 다음 골목으로 들어서니 바로 푸니쿨라 승강장 옆에 유료 주차장이 나왔다. 미리 공부한 대로 사기꾼에게 속지 않았음을 스스로 뿌듯해하며 주차장 티켓을 뽑으려고 창문을 내린 뒤 손을 내밀었다. 그때 한 남자가 다가와 여기는 푸니쿨라 주차장이 아니라고, 요 옆 노상 주차장에 주차하면 된다고 친절히 알려준다.

나는 푸니쿨라 승강장 옆 길가로 차를 몰고 가서 빈자리를 찾았다. 그때 수염이 덥수룩한 사람 좋게 생긴 한 아저씨가 자전거를 타고 가다 말고 서서 친절하게도 뒤쪽에 자리가 있다고 손짓으로 알려준다. 나는 그곳에 차를 대고는 아저씨에게 고맙다고 인사했다.

'무료인가? 아니면 길 중간마다 서 있는 주차 기계에 동전을 넣어야 하는 건가? 시간당 얼마를 넣어야 한다고 왜 안 쓰여 있지?' 하며 주차 기계 앞에 서서 주차 요원을 찾아 두리번거렸다. 그때 푸니쿨라 승강장으로 올라가는 길목에 파라솔 매대를 펼쳐놓은 남자가 5유로만 내면 종일 주차가 가능하다고 한다. 우리는 시간당 주차료가 얼마인지 모르니 불안해할 바엔 그냥 5유로를 내고 에리체에 올라갔다 오는 편이 낫겠다며 남자에게 돈을 내고 푸니쿨라 매표소로 갔다.

그런데 왜 이렇게 찜찜한 느낌이 드는 건지. 가방이 다 들어 있는 차를 길가에 세워둔 게 영 불안해 표를 사며 매표소 직원에게 물었더니 직원이 하는 말.

"안전합니다. 그리고 노상 주차는 무료입니다."

"네? 무료라고요? 저 밑에서 돈을 냈는데요?"

직원은 매번 있는 일이라는 듯 '안타깝지만 또 속고 말았군요.' 하는 표정으로 고개를 젓는다. 순간 너무 어이가 없어서 길 아래를 내려다보니 글쎄, 자전거를 타고 뒤쪽에 자리가 있다고 말해준, 우리가 고맙다고 인사한 그 사람 좋아 보이던 아저씨까지 매대 앞에 삼삼오오 모여 낄낄거리고 있다. 모두 한통속이었다. 너무 황당해서 말조차 나오지 않았다. 그보다는 시칠리아에 사기꾼이 많다는 사실을 알고 주의했음에도 불구하고 당했다는 사실이 못내 분했다. 한판 붙어야겠다며 쫓아 내려가려는데 사기꾼이 더 무서웠던 엄마는 그냥 모른

척 빨리 올라가자고 나를 자꾸 끌어당긴다.

나는 벌겋게 달아오른 표정을 숨기지 못한 채 푸니쿨라에 몸을 실었다. 해발이 높아질수록 점점 더 넓게 펼쳐지는 트라파니의 아름다운 경치를 곁눈질로 슬쩍 내려다보니 어느새 댓 발 나온 입이 들어가고 마음도 조금씩 누그러지기 시작한다.

에리체에 이르니 동화 속 마을이 펼쳐졌다. 거대한 성벽으로 둘러싸인 돌담길을 걸어 아치형 문을 지나니 갑자기 중세 시대로 거슬러 올라간다. 요정이 사는 곳 같은 마을에 들어서자 저 밑 현실 세계의 사기꾼들에게 당한 사실을 까맣게 잊었다.

"요새 하도 시간 여행을 소재로 한 드라마를 많이 봐서 그런가, 여행 오니까 장소를 옮겨온 게 아니라 시간을 옮겨온 것 같다는 느낌이 많이 들어. 너는 안 그래?"

엄마의 말처럼 정말 유럽 여행을 하면 시간 여행을 하는 것 같은 느낌을 많이 받는다. 몇 세기를 거쳐 이 시점까지 견뎌온 고풍스러운 건물과 돌길, 성……. 중세인에겐 삶의 터전이었던 이렇게 소중한 곳에 현대인의 일상까지 세월이 쌓이고 쌓여 골목골목 전해 내려오는 이야기는 하나의 역사가 된다.

시칠리아에 오면 꼭 먹어봐야 한다는 전통 디저트 제노베제가 바로 이 에리체에서 시작되었다. 시칠리아의 먹거리는 다양한 문화에서 유래한다. 아랍 사람들이 들여온 아몬드와 오렌지, 스페인 사람들이 전수한 코코아빈 등. 시칠리아를 거쳐간 수많은 문화권의 흔적이

음식 문화에 고스란히 남아 있다.

에리체에는 시칠리아에서 가장 유명하다는 마리아 제과점이 있다. 가난한 집에서 태어난 마리아는 세계 제2차 대전 직후 어려웠던 가정 형편으로 어머니에 의해 산카를로 수녀원으로 보내진다. 세상과 떨어져 고독하게 사는 그녀를 위로해주었던 게 바로 제빵 일이었다. 그중에서도 아몬드와 설탕을 섞어 마지팬(marzipan) 만드는 일이 그녀를 위로해주었다. 수녀원의 제빵 전통이 세상에 알려지면서 수녀원들은 경쟁적으로 더욱 특별한 마지팬을 만들기 위해 노력했다. 각종 재료를 섞어 다양한 파이(pasticcini)를 만들어 마을 사람들에게 제공하곤 했는데 아몬드에 설탕과 달걀을 이겨 만든 유명한 아몬드페이스트 'pasta di mandorla'도 그때의 다양한 시도 끝에 만든 것이다.

마리아는 수녀원에서 15년 동안 제빵 기술을 배워 1963년 에리체로 돌아와 마리아 제과점(La Pasticceria di Maria Grammatico)을 열게 된다. 그녀가 만드는 모든 빵은 100퍼센트 시칠리아산 아몬드와 천연 재료를 사용하는데 그녀에게 있어서 아몬드는 자식 같다고 말했을 정도로 특별한 애정이 담긴 주재료다. 그녀가 만든 제노베제를 맛보기 위해 전 세계 관광객들이 긴 줄을 서고 그로 인해 아주 작은 마을임에도 불구하고 에리체에는 유독 디저트 가게가 많다.

커피를 잘 마시지 않는 나도 커피를 부르는 제노베제를 골랐다. 한 손에는 제노베제를, 다른 한 손에는 갓 내린 따뜻한 커피를 들고 에리체 성곽길 벤치에 걸터앉았다.

해발이 높다 보니 눈앞으로 파란 하늘과 흰 구름이 다가와 있다. 트라파니 마을과 지중해 바다를 둘러보다 아름다운 해안선에 시선이 멈춘다. 돌 틈 사이로 피어난 들꽃을 멍하니 넋을 놓고 보고 있는데 머리 쪽에서 뭔가 부스럭부스럭. 엄마가 들꽃 한 송이를 꺾어 와 내 귀 옆에 꽂아주고는 예쁘다며 좋아한다. 소녀 감성이 풍부한 엄마의 이런 행동, 지금 행복하다는 뜻이다.

길 끝에 위치한 비너스성에는 신전이 있었다고 한다. 지금은 폐허가 되어 우물을 제외하고는 남아 있는 것이 별로 없다. 그럼에도 불구하고 그곳에 들어서니 이상하게 특별한 기운이 느껴지는 것은 그저 기분 탓일까?

에리체 골목을 거의 다 둘러본 뒤 다시 푸니쿨라를 타고 내려갔다. 주차장에 다다르니 그 길목에 아직도 사기꾼들이 진을 치고 앉아 있다. 당장 달려가 따지고 싶었으나 엄마가 또 내 손을 꼭 쥐고 잡아끈다. 참아야 하느니라. 여기는 우리의 홈그라운드가 아니니. 그러나 잰걸음으로 뒤따라오던 동생이 참다못해 고개를 홱 돌려 그들을 향해 외친다. "It was free!" 사기꾼들은 껄껄 웃으며 너무나 얄미운 표정으로 "Sorry." 하며 놀리듯 혓바닥을 내민다. 세상에, 이런 뻔뻔한 사기꾼들을 봤나! 시칠리아에 마피아는 더 이상 없을지 몰라도 사기꾼은, 생활 반경 곳곳에 숨어 있으니 속지 말자.

나의 시칠리아는 아그리젠토에서부터

아그리젠토 Agrigento

현재 시칠리아는 이탈리아에 속해 있지만 과거에는 그리스의 식민지였다. 그래서 그리스의 흔적이 유독 많이 남아 있는 곳이다. 특히 아그리젠토는 그리스에서 로마로, 로마에서 다시 아랍으로, 노르만으로 주인이 바뀌면서 여러 문화가 뒤섞인, 독특하고 묘한 매력이 넘치는 도시다. 그리스 시인 핀다로스는 일찍이 시칠리아 아그리젠토를 일컬어 '인간이 거주하는 곳 중 가장 아름다운 도시'라고 칭송한 바 있었다.

그렇다면 세상에서 가장 아름다운 곳이 이렇게나 많이 존재하는 시칠리아는 도대체 어떤 곳일까. 한 도시에 도착하면 감탄을 자아내고 그다음 도시에 도착하면 그 즉시 또 다른 감탄을 자아내는, 시칠리아는 머물수록 매력이 더 커지는 곳이다.

아그리젠토에 도착해서 알았다. 나의 시칠리아는 이곳에서부터라는 것을.

그리고 이날, 시칠리아 여행 중 가장 기억에 남는 곳, 인생 뷰의 순위를 다툴 만큼 눈부셨던 터키인의 계단(Scala dei Turchi)을 만났다.

터키인의 계단은 산레오네 해안에 있는 새하얀 석회암 절벽. 오래전 아랍과 터키 해적들이 자주 이 계단 모양의 석회암 절벽에 침입했다 해서 터키인의 계단이라고 이름을 붙인 것이다. 꼭 터키의 파묵칼레와 흡사하다. 분필처럼 새하얀 석회암 절벽은 수세기 동안 비와 바람에 깎여 자연적으로 생겼다. 터키석처럼 푸르디푸르고 속이 훤히 비칠 만큼 투명한 바다와 대조되어 절벽은 더욱 오묘한 빛을 발한다.

여행하며 성장하는 건지, 여유가 생긴 건지 다른 이들의 삶이 보이기 시작하더니 눈에 들어오는 장면이 다르게 보인다. 각기 다른 인생들……. 홀로 운동하는 젊은이, 해변을 빠르게 걷는 노부부, 우리처럼 함께 여행 온 모녀, 아기의 손을 잡고 해변을 걷는 남자와 그들의 모습을 흐뭇하게 바라보며 걷는 할아버지. 3대에 걸친 가족의 뒷모습에 화목함이 묻어났다. 할아버지 곁엔 아기 엄마로 보이는 젊은 여자가 할아버지와 보폭을 맞추고 걷는다. 둘 사이에 약간의 어색함이 감돌지만 그래도 다정하게 웃으며 아빠와 아기 뒤를 따라 걷는 모습이 아버지와 딸보다는 시아버지와 며느리인 것 같다. 사랑하는 사람을 연결 고리로 맺어진 관계, 그 사실 하나만으로도 참 아름답다.

너무나 비현실적인 색의 바다를 보고는 감탄사를 연발하며 걷다 보니 바다 끝으로 하얀 절벽이 빠끔 그 모습을 드러내기 시작했다. 내 앞에서 천천히 걸어가던 한 할머니가 터키인의 계단 바로 앞에서 멈추어 섰다. 그녀는 석회암에 가방을 내려놓고는 사람들이 오르내리는 아름다운 석회암 절벽을 바라만 보았다. 나는 그녀가 힘들어서 쉬어 가려나 싶었다. 그녀를 뒤로하고 절벽 중턱쯤 올라 뒤돌아보니 그녀는 여전히 같은 자세로 서서 절벽과 바다를 번갈아 바라보기만 할 뿐이었다. 젊은 우리에겐 이렇게 쉬운 일이 그녀에겐 바라보기만 해야 할 만큼 불가능한 도전인가. 그러고 보니 해변을 걸을 땐 많이 보였던 할머니 할아버지가 비스듬히 깎인 절벽 주위에선 거의 보이지 않았다.

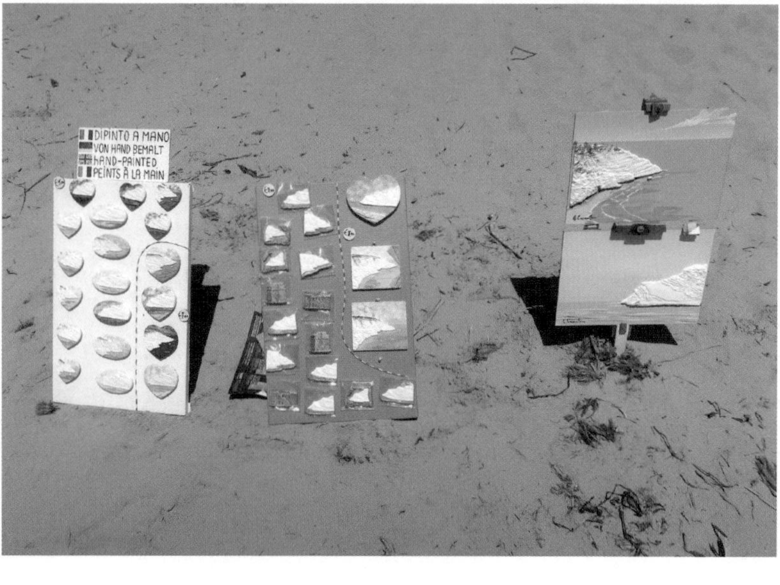
DIPINTO A MANO
VON HAND BEMALT
HAND-PAINTED
PEINTS À LA MAIN

마음이 좋지 않았다. 젊음은 영원한 것이 아니다. 오르지 못하고 바라만 보는 할머니에게 괜히 죄송한 마음이 들어 발걸음이 무거워졌다. 젊은 우리에게도 인생은 쉽지 않다. 앞이 보이지 않는 두려움과 답답함, 끝이 없을 것 같은 긴 터널, 그 누구도 해결해줄 수 없는 고민과 고충들. 이제 나는 영원한 듯 주어진 이 젊음의 순간들이 얼마나 아까운 순간인지 깨달아가고 있다.

"앞이 보이지 않아 느껴지는 답답함이, 앞이 너무 뻔히 보여 느껴지는 답답함보다 훨씬 더 희망적인 거야. 엄마 나이쯤 되면 인생에 변화가 그리 많지 않아 오히려 너무 뻔히 보이는 앞날에 답답할 때가 있지만 너희는 얼마든지 꿈을 꿀 수 있잖니."

언젠가 불투명한 미래에 대한 답답함을 호소했을 때 엄마가 내게 해줬던 말이다. 그 말이 어떤 말인지 이제는 조금 알 것 같다.

할머니를 보며 안타까운 마음에 무거운 걸음을 옮기고 있는데 문득 앞서 올라간 엄마가 보이지 않았다. 도대체 나의 용감무쌍한 50대 후반의 어머니는 어디까지 올라가신 것인가. 위를 올려다보니 아니나 다를까. 저 멀리 내가 선 절벽보다 더 높은 곳에서 엄마가 나를 향해 빨리 올라오라고 손짓한다. 그곳엔 사람들이 아예 드러누워 일광욕을 즐기고 있다. 우리는 그곳에 자리를 잡고 앉았다. 우리 앞에는 똑 닮은 모녀가 똑같은 자세로 배낭을 베고 누워 눈을 감고 일광욕을 한다. 배낭이 꽤 불룩한 걸 봐서는 모녀도 우리만큼이나, 아니 우리보다 더 씩씩한 모녀의 여행길인가 보다.

엄마는 행복한지 모래사장을 신나게 걷는다. 그러다 갑자기 멈춰 섰다. 하얀 석회석에 직접 그림을 그려 파는 화가를 보았기 때문이다.

"엄마, 팔 유로나 하는 걸 뭐하러 사려고. 예쁘지도 않은데."

"엄마 여기 기억하고 싶어……. 엄마 방 책상 앞에 붙여놓을 거야. 여기 진짜 아름답잖아."

엄마는 결혼하고 30여 년이 지나 최근에야 엄마만의 작은 공간이 생겼다. 언니 오빠가 모두 시집, 장가가고 그들의 방까지 다 차지하며 살던 할머니의 귀여운 막내딸은 30여 년 만에 다시 자기만의 방을 갖게 된 것이다. 우리 놀이방이나 공부방, 아니면 아빠의 서재가 먼저였다. 엄마는 늘 나중이었다. 엄마의 희생이고 양보였어도 누구 하나 그렇게 생각하지 않았다. 엄마의 방이 따로 없는 걸 당연시했다. 집안일을 도맡아 하는 엄마에게 엄마만의 공간이 하나도 없었다니. 엄마는 얼마나 답답했을까?

엄마는 요즘 오랜만에 생긴 엄마 혼자만의 공간을 꾸미고 있다. 책꽂이 하나엔 엄마가 좋아하는 세계사 서적들을 꽂아놓았고, 화장대로 쓰던 작은 테이블은 책상으로 쓴다. 그 책상에는 할머니, 딸들, 남편과 젊은 시절 찍은 사진을 예쁘게 늘어놓았고, 벽에는 여행지에서 사 모은 작은 그림을 붙여놓았다.

엄마는 조그만 그림 하나를 사고는 더 신이 난 듯 두 팔을 벌리고 해변을 걸었다. 하늘로 뛰어오르는 동작을 찍자는 동생의 말에 엄마도 기꺼이 동참했다. 그러나 몇 번이나 시도해도 발끝이 땅에서 떨어지기 무섭게 도로 내려서는 엄마의 모습에 우리는 한바탕 자지러지게 웃었다. 우스꽝스러움도 여행에서는 우스꽝스럽지 않다. 엄마는 그 순간 정말이지 행복해 보였다.

많은 사람이 시칠리아에서 꼭 가봐야 할 파인다이닝 식당으로 두 군데를 꼽는다. 그중 하나가 바로 이 아그리젠토에 있는 라마디아(La Madia) 식당이다. 아그리젠토 중심부에서 약 30분 정도 떨어진 곳에 있다. 라마디아의 헤드 셰프는 오랫동안 뉴욕에서 일하다 고향인 아그리젠토로 돌아와 식당을 열었다.

이곳은 정말 이렇게 세련된 현대적인 식당이 있을 거라곤 상상이 안 가는, 영화 속 마피아들의 뒷거래 장소로나 나올 법한 음침한 동네다. 여기가 맞느냐며 의심의 끈을 놓지 않고 불안해하던 엄마의 눈동자는 식당 문을 열고 들어설 때까지 쉴 새 없이 흔들렸다. 그러나 막상 들어가 보니 세련미가 돋보이는 인테리어에, 따뜻한 분위기에, 수많은 멋쟁이들로 북적북적 활기가 넘치는 식당이었다. 엄청 푸짐하고 독특한 시칠리아 요리 덕분에 저녁을 건너뛰어도 될 만큼 충분히 맛있는 점심을 먹었다.

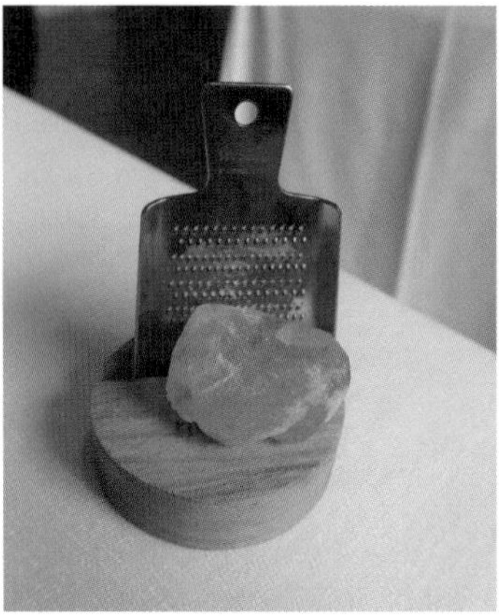

고대 지중해 세계에서 가장 위대한 도시 중 하나였던 아그리젠토는 기원전 582년에 고대 그리스가 건설한 도시국가다. 당시 예술과 문화를 고스란히 느낄 수 있는 고대 유적이 매우 잘 보존되어 있다. 아그리젠토 고고 지구는 유네스코 세계 문화유산에 등재되었다. 고대 그리스 신전 20여 개가 '신전의 계곡(Valle dei Templi)'에 모여 있다. 아그리젠토에 처음 발을 들여놓았던 그리스인들에 의해 이곳에 신전이 지어지기 시작했다. 대표적으로는 보존 상태가 가장 훌륭한 도리아 양식의 콘코르디아 신전과 그리스인들이 가장 높이 받들어 모셨던 헤라 신전, 지금은 심하게 훼손되었지만 당시 규모가 가장 컸을 제우스 신전 등이 있다.

신전은 멀리서 보면 더 크고 아름답게 보인다고 한다. 거대한 건물 그 자체엔 이데올로기가 들어 있다. 일반 시민들에게 위대함을 각인시키기 위해 건설한 것이기 때문에 멀리서 보면 건물이 더 웅장해 보이도록 지었다. 신전 기둥의 하단을 상단보다 더 두껍게 만든 것도, 각 모퉁이에 있는 기둥을 안쪽으로 살짝 기울어지게 만든 것도 모두 그 때문이다. 통치의 심리적 근거를 바탕으로 철저히 계산해서 설계했다는 걸 알고 보면 더 흥미롭다.

2,500년 이상을 버틴 신전의 힘찬 기둥들. 그 세월을 말해주듯 뜨거운 햇살에 달궈진 황토색 신전들이 긴 산등성이를 따라 일렬로 늘어서 있고 그 뒤편으로는 지중해가 내려다보인다. 왕복 두 시간 정도가 소요되는 신전의 계곡 산책길을 걷노라면 옆으로 농장이 보인다. 신전과 마주 보며 서 있어서일까. 뿔이 꽈배기처럼 솟은 염소까지도 신성하게 느껴진다.

시칠리아의 봄엔 흰 아몬드꽃이 만개하며 절정을 이룬다고 한다. 때마침 4월이라 아몬드꽃이 피는 시기였다. 아몬드꽃은 아그리젠토를 대표하는 꽃이다. 신전 사이사이 흰 눈밭처럼 펼쳐진 아몬드꽃이 아그리젠토의 아름다움을 더한다. 1년 중 며칠밖에 안 되는 그 특별한 날에 여행할 수 있다니, 운이 참 좋았다.

신전의 계곡 중 가장 높은 곳에 올라 지중해를 배경으로 동생과 서로 사진을 찍고 찍어주다 뒤를 돌아보니 수학여행을 온 어린 학생들을 찍어주고 있는 엄마가 보인다.

"엄마, 거기서 기다려! 우리도 거기서 사진 찍어 달라고 하자!"

함께하는 여행길에 혼자 또는 둘이 찍은 사진은 많지만 셋이 함께 찍은 사진은 드물다.

해가 저물 때쯤 우리는 호텔로 돌아왔다. 주차장에 차를 대고 호텔 입구로 들어서는데 웬 백인 남자와 여자가 우리 쪽을 향해 반갑게 손을 흔든다.

'우리한테 인사하는 건가? 누구지?'

먼저 백발의 멋쟁이 신사가 우리 쪽으로 다가오기에 자세히 보니 낮에 갔던 라마디아 식당에서 우리 바로 뒷자리에 앉았던 중년 커플이다. 식당에서 동양인은 우리 모녀밖에 없었으니, 우리를 단번에 알아보고는 같은 호텔에서 묵는다는 게 반가워 인사를 한 것이다.

안 좋았던 시칠리아의 첫인상이 아그리젠토의 아름다운 절경에 의해 누그러지고, 다른 장소에서 연거푸 마주친 남다른(?) 인연의 외국인 여행객들과 반갑게 인사하며 행복한 여행이 되길 서로서로 빌어주면서 시칠리아 여행의 따뜻함이 무르익어간다.

시칠리아는 이탈리아 안에서도 특별한 와인 산지로 유명한 지역이다. 라구사로 차를 몰고 가는 길에 'Donnafugata'라고 쓰인 표지판이 보였다.

"돈나푸가타? 와이너리 아냐?"

알고 보니 와이너리는 우리가 지나온 마르살라에 있지만, 이 이야기의 실제 주인공 마리아 카롤리나 왕비가 시칠리아로 도망쳐 와서 살았다던 돈나푸가타성이 우리가 향하던 라구사 근처에 있었던 것이다. 돈나푸가타는 '도망간 여인'이란 뜻으로 마리아 카롤리나의 이야기에서 유래한다. 마리아 카롤리나는 합스부르크 왕가의 유일한 여성 통치자이자 마지막 여제였던 마리아 테레지아의 열여섯 자녀 중 열세 번째 딸이자 마리 앙투아네트의 친언니이다. 그녀는 스페인 국왕 카를로스 3세의 아들인 페르디난도 1세와 결혼하여 나폴리와 시칠리아 왕국의 왕비가 되었다. 권력에 관심이 없던 남편을 대신해 섭정을 펼친 철의 여인이다. 그녀는 나폴리의 실권을 쥐고 있었으나 프랑스 혁명 때 동생 마리 앙투아네트가 단두대에서 처형당하는 것을 계기로 공화파와 대립각을 세우면서 권력의 정점에서 쫓겨난다. 결국 나폴레옹의 군대가 나폴리를 장악하자 시칠리아섬으로 도망치게 된다.

성으로 가는 길, 도대체 성이라고는 그림자도 비치지 않던 곳. 성 높이가 낮아 입구에 도착할 때까지도 궁전이 보이지 않는다. 정말 고요하고 평온한 허허벌판. 아주 가까이 다다라서야 겨우 성이 보일 정도이니 도망쳐 와서 살기엔 완벽한 곳이다. 생각보다 하얗고 예쁜 돈나푸가타성을 보며 무심코 던진 동생의 한마디.

"왕비님 좋은 데로도 도망 오셨네."

정말 그 말이 딱 맞았다. 도망치던 당시 왕비의 슬픈 감정을 이입하기엔 너무나 평화롭고 밝은 성이었다. 이 아름다운 풍경과 잘 어우러진 여성스러운 왕비의 성을 시칠리아의 숨겨진 볼거리 중 하나로 추천하고 싶다.

사람에게 받은 상처는 사람으로 치유된다

라구사 Ragusa

중세 시대의 모습을 그대로 간직한 라구사에 도착했다. 시칠리아 시라쿠사 서쪽, 이르미니오강 협곡 위로 솟은 해발 490미터의 이블라이 구릉에 위치한 라구사. 가장 높은 라구사이블라 지대에 오르면 수천 년의 역사가 흐르는 라구사의 전경이 한눈에 내려다보인다.

고도가 높다 보니 주행 중 중간중간 인터넷 연결이 끊겨 내비게이션 작동이 멈췄다. 이렇게 단순한 길인데도 삼거리에 이르러 내비게이션이 꺼지니 마치 미아가 된 듯 어찌할 바를 몰라 심장 박동수가 빨라지기 시작했다.

'이렇게까지 기술 의존도가 높아져 있다니…….'

스스로 한심하기 짝이 없었다. 여행길에서는 이런 조그만, 별것 아닌 일도 위기다. 덜컥 겁이 난 우리 모녀는 또 급격히 예민해졌다. 한 사람이 긴장하고 다급해지면 다른 한 사람은 느긋해야 하는데 두 사람 모두 초행길에선 그게 참 쉽지 않다. 옆에 탄 엄마의 감정 표출은 운전대를 잡은 나의 불안함을 더욱 극대화시킨다.

어쩔 수 없다, 기다리는 수밖에. 다시 전파가 잡힐 때까지 20분도 채 걸리지 않았음에도 불구하고 그 높은 지대의 좁은 길모퉁이에 차를 세워두고 어쩔 줄 몰라 하던 우리 모녀의 모습은 마치 몇 시간씩 산길을 헤매는 사람들 같았다.

"예전에 아빠랑 자동차 여행 다닐 때 지도 보다 엄청 싸웠어……. 운전하는 사람도, 옆에서 지도 보면서 알려줘야 하는 사람도 긴장의 연속이었거든. 출구 한번 잘못 말해주면 '깜깜이'가 돼서 한참을 헤맸으니까. 전날 밤에 지도 보고 출구를 미리 다 찾아 포스트잇으로 잔뜩 붙여놓고도 도착할 때까지 이게 맞는지 틀린지 아무도 가르쳐주지 않으니 불안해서 엄청 예민해졌지. 네 아빠랑 너희까지 데리고 그렇게 다녔다……. 힘들고…… 싸우고……. 그래도 그때가 참 좋았어. 내비게이션이라는 게 생긴 지 그리 오래된 건 아니잖아. 15년 전에 할머니 모시고 여행 갔을 때도 없었던 것 같은데? 그러고 보니 아내든 내비게이션이든 길 안내는 모두 여자의 역할이었네!"

엄마는 예전 일이 문득 생각나는 모양이었다. 나보다 세상 변화를 더 빠르게 느끼나 보다. 자동차가 흔하지 않았을 어린 시절부터 컴퓨터, 인터넷, 내비게이션, 스마트폰까지……. 무엇보다 세상을 알고 세계를 돌아다니는 일이 훨씬 더 수월해졌다는 데에는 더할 나위 없이 반가운 기술의 발전이지만, 기술 앞에 한없이 나약해진 자신을 발견할 땐 때로 두렵기도 하다.

한바탕 소동을 겪고 지도를 보며 여행하던, 나로서는 경험해보지 못한 엄마의 옛날이야기를 들으며 겨우 다시 가동된 내비게이션을 따라 라구사이블라에 다다랐다.

몇 가구가 사는지 금방 셀 수 있을 것 같은 라구사의 아담한 구시가가 한눈에 내려다보인다. '흙토색 마을'이라는 사전에 있지도 않은 말이 떠올랐다. 황토색이라고 하기엔 너무 진하고, 모래색이라고 하기엔 너무 옅은 그런 색. 모랫빛의 아주 견고한 건물들이 오밀조밀 모여 있는……. 중세 시대가 바로 눈앞에 있다.

수천 년 전 모습을 그대로 간직한 작은 구시가에 맛집 하나 없을 것 같지만 숨겨진 맛집이 많다는 게 라구사의 또 다른 매력이다. 시칠리아에서 꼭 가봐야 할 두 번째 레스토랑이 이 라구사에 있다. 바로 'DUOMO' 레스토랑이다.

우리는 호텔 뒷길로 나가 구시가로 이어지는 길을 따라 걸어갔다. 생각보다 인적이 드문 외진 길이 계속되었다. 어두컴컴한 계단에 앉아서 우릴 쳐다보거나 후드를 푹 쓰고 골목에서 훅 출몰하는 사람들 때문에 엄마는 무서워했다. 이날 엄마의 두 번째 패닉이 시작되었다. 엄마가 어깨를 움찔 놀라는 일이 잦은 하루였다. 엄마는 밤늦게 다시 이 길로 돌아오려면 위험할 것 같다며 조금 돌아가더라도 그냥 차를 몰고 가자고 했다. (라구사는 워낙 오래된 도시라 구시가에 차를 가져가는 걸 추천하지 않는다.) 우리는 걸어왔던 길을 되돌아가 차에 올라 호기

를 보이며 구시가 골목으로 들어섰다. 덜컹덜컹. 굵은 돌길이 시작되고 길 양옆으로 차들이 늘어서 있는데 이게 정말 차가 다닐 수 있는 골목이 맞는지 의심스러운 길의 연속이었다.

'이런! 또 시작이군.'

유럽 구시가에 뭣 모르고 차를 끌고 들어갔다가 낭패를 본 일이 한두 번이 아니었기 때문이다. 좁디좁은 일방통행로인 구시가 한복판에 들어선 순간 아차 싶었다. 차가 다녀도 되는 길이라고는 하나, 여행자가 차를 몰고 다니기엔 버거운 길임을 깨달았다.

그러나 때는 늦었다. 결국 사단이 났다. 내비게이션만 뚫어져라 보며 운전하다 보니 다음 골목에서 핸들을 꺾어야 하는데 미리 꺾어 들어간 것이다. 차가 양옆 돌벽 사이에 낄 것처럼 불안, 불안한 골목길. 안으로 더 들어가니 길모퉁이에 차 몇 대가 벽에 붙어 주차돼 있었다. 여기만 통과하면 좀 넓은 길이 나오겠지 하고 조심스럽게 꺾어 들어갔는데 넓어지기는커녕 더 좁아졌다. 그 길에서 핸들을 한 번 더 꺾고 보니 막다른 골목이다.

'대략 난감'이라는 표현이 괜히 나온 게 아니구나 싶었다. 차를 돌릴 틈도, 그렇다고 후진조차 할 수도 없는 상황이었다. 하늘 높이 솟은 빽빽한 돌담 사이, 'ㄷ' 자 골목 끝자락에 서서 이러지도 저러지도 못한 채 이마에 식은땀만 송골송골 맺히기 시작했다. 엎친 데 덮친 격으로 우리처럼 길을 잘못 들었는지 막다른 골목에서 차 한 대가 돌려 나오려 몇 번에 걸쳐 방향을 돌리고 있었다. 내가 최대한 평행 주차가 되어 있는 차들 바로 앞 벽에 바짝 붙지 않으면 그 차도 우리 차도 답이 없는 상황. 나는 최대한 그 차가 먼저 빠져나가도록 돌벽 쪽으로 차를 붙였다. 차를 돌려 나가는 이탈리아 아저씨들이 웬 젊은 동양 여자애가 그 좁은 골목에서 평행 주차하는 걸 보더니 '엄지 척' 하며 "브라보!"를 외쳤다. 순간 나는 '약 올리는 건가?' 싶었다. 우리 차보다 훨씬 작은 그 차가 겨우 빠져나갔다. 이제는 내가 돌려 나가야 할 차례. 그런데 차체가 커서 'T' 자 길에선 도저히 차를 돌릴 수 없었다. 결국……. 중세 시대 돌벽에 차 옆면을 제대로 긁고 말았다. (보험을 들길 천만다행이었다.)

오늘 하루 쌓일 대로 쌓인 엄마의 긴장감은 최고조에 달했다. 구시가에 들어섰을 때부터 식은땀이 난다며 긴장감을 내게 옮겨주더니 일이 이 지경에 이르자 아예 차에서 내려 울음이 터지기 일보 직전의 목소리로 "안 돼! 안 돼! 부딪혀!"라고만 외치는 상황. 그런 엄마의 외침은 별 도움이 되지 않았다. 그때 길 가던 한 할아버지가 진땀을 빼고 있는 우리가 가여웠는지 가던 길을 멈추고 계속 손동작을 해 보이며 도움을 주고자 한다. 그런데 아무리 반복해도 이놈의 차를 도저히 돌릴 수가 없는 거라. 인내심의 한계를 느꼈다. 울고 싶었다.

"엄마는 걸어오면 될 길을 왜 차를 갖고 나오자고 해서는!"

결국 못 참고 또 엄마 탓을 해버렸다. 위기에 강하다고 생각했는데. 이제 어른이라고 생각했는데. 미성숙한 내 자신을 발견한다.

한참을 그렇게 '짐덩이' 같은 차와 씨름을 하고 있던 중, 막다른 골목 어느 한 집에서 젊은 아저씨가 나와 지나간다. 우리의 상황을 보고 씩 웃더니 유유히 갈 길을 간다. 그런데 그가 다시 돌아온다. 구세주 같았다. 이제 돌벽 사이에 낀 차와 지옥 같은 내 마음을 구원해줄 두 은인이 함께한다. 한 사람은 멀리서, 다른 한 사람은 가까이서. 그리고 5도 이내의 오차 범위 안에서 허용된 신들린 핸들 꺾기가 시작됐다. 그 오차 범위를 벗어나면 처음부터 다시 시작해야 한다. 호흡을 가다듬고 심기일전. '난 지금 꼭 빠져나가야만 한다.' 젊은 아저씨가 운전석 옆에 바짝 붙어 서서 열린 창문 안으로 손만 넣어 핸들을 틀고 난 운전석에 앉아 페달만 번갈아 밟았다. 결국 한 시간 만에 극적으로 골목을 빠져나왔다. 길을 지나다 이 광경을 목격하고 가던 길을 멈춰 서서 구경하던 사람들의 박수갈채가 쏟아져 나왔다. 나는 감격에 겨워 할아버지와 아저씨의 두 손을 부여잡고 무척 감사하다고, 정말정말 감사하다고 수차례 인사를 건넸다. 두 분도 내 마음만큼이나 기뻐하는 환한 표정을 지으며 조심해서 가라고 그 자리에 그대로 서서 멀어져가는 우리 차를 바라보았다.

식당엔 예약 시간을 훨씬 넘겨 도착했다. 이러저러해서 늦었다, 미안하다 하니 식당 직원은 라구사 도시를 처음 세울 땐 당연히 자동차가 존재하지 않았고 동물을 몰고 다닐 때여서 길을 좁게 냈기 때문에 그렇다며 오히려 우리의 놀란 마음을 진정시켜준다.

나는 자리에 앉아서야 안도의 한숨을 내쉬었다. 아침때보다 엄마의 얼굴이 말라 보인다. 엄마는 오늘의 일을 기억해야 한다며 메모지를 꺼내 라구사의 골목을 그리기 시작했다.

이렇듯 시칠리아 사람들이 주는 감동은 꽤 컸다. 사기꾼들에게 속아서 분했던 마음은 봄눈 녹듯 사라지고 오로지 감사함만이 밀려왔다. 역시 사람에게 받은 상처는 사람으로 치유되는구나. 그분들의 도움이 없었다면, 그분들이 나를 끝까지 모른 척했다면, 나는 과연 어떻게 됐을까. 인적 드문 구시가 골목에 껴서 원수 같은 차를 빼도 박도 못하고 새벽이 오도록 허둥대기만 했을 것이다. 상상만 해도 끔찍하다. 앞으로 다른 사람들의 어려움을 보면 절대로 모른 척하지 말아야겠다고 다짐하고 또 다짐한다.

라구사를 떠나는 날 이른 아침, 엄마는 이대로 떠나는 것이 못내 아쉬운지 내 눈치를 슬쩍 보더니 말을 건넸다.

"우리, 날 밝았으니까 어제 가려다 말았던 길 다시 가볼까?"

어두웠을 땐 무섭기만 했던 길이 밝을 때 천천히 걸어가며 보니 계단 위로 핀 진달랫빛 분홍 꽃이며, 허름한 외벽에 난 주황색 문이며, 마치 잠들어 있던 세상의 만물이 깨어나 기지개를 켜는 듯 화사했다.

같은 곳이 이렇게 다르구나…….

단순한 편견일까. 정말 생각하기 나름인 걸까?

www.TERMINALTAXI.IT

세계 최고의 아이스크림 생산지

노토 Noto

노토는 라구사, 모디카와 함께 바로크 트라이앵글 지역이라 부르는 중세도시다. 그래서 그런지 이 세 곳의 색감과 느낌에 대한 잔상이 모두 비슷하게 남아 있다. 사실 노토는 1693년 지진으로 무너진 후 그 폐허 위에 당시 유행하던 우아한 바로크 양식으로 새롭게 재조성된 도시다. 노토 여행의 핵심 포인트는 팔라초 니콜라치 빌라도라타(Palazzo Nicolaci di Villadorata)의 독특한 발코니다. 그러나 우리가 그곳을 찾은 이유는 따로 있었다. 정어리파스타와 세계 최고의 아이스크림을 맛보기 위해서였다.

노토의 거리는 한산했다. 예약도 안 했는데 점심시간이 지나 문을 닫은 건 아닌지 불안해하며 서둘러 식당(Ristorante Crocifisso)을 찾아갔다. 다행히 식당 문은 열려 있고 자리도 바로 잡을 수 있었다. 여행길에서는 사소한 일에 불안감이 엄습했다가 또 사소한 일에 기쁨이 느껴지는, 희한하고도 말랑말랑한 마음이 자주 교차한다. 그런 낯선 내 모습들이 반가울 때도 불편할 때도 있고, 반성할 때도 칭찬할 때도 있다.

자리에 앉았더니 대각선으로 보이는 테이블에서 고상하고 지적인 금발의 백인 여자가 오랜 지인을 만난 듯 우리에게 반갑게 인사한다. 어제 라구사 골목에서 그 소동을 겪고 'DUOMO' 식당에 갔을 때 우리 옆 테이블에 앉았던 여자다. 아그리젠토에서 그랬던 것처럼 같은 여행객을 다른 곳, 그것도 다른 도시에서 또 만난 것이다. 많고 많은

사람 중에 이럴 수 있는 확률은 얼마나 되려나……. 이번 여행에서는 벌써 두 번이나 이런 인연을 만났다. 생전 처음 보는 외국인을 여행길에서 다시 만나니 그렇게 반가울 수가 없었다.

점심은 대성공이었다. 특히 콩수프와 정어리파스타는 시칠리아에서 맛본 그 어떤 음식보다 맛있었다.

이제 세계 최고의 아이스크림 본고장에 왔으니 아이스크림을 빼먹을 순 없다. 아이스크림이 가장 먼저 만들어진 곳이 바로 시칠리아 에트나산이다. 해발 3,323미터에 달하는 에트나산은 지금도 연기가 피어오르는 유럽 최대의 활화산으로 산 정상은 1년 내내 녹지 않는 눈으로 덮여 있다. 이 눈으로 만든 아이스크림이 전 유럽으로 퍼져 나가 아이스크림의 원조가 됐다고 한다. 당장이라도 용암이 솟구쳐 오를 것 같은 화산의 눈으로 아이스크림을 만들었다니. 상상도 못했던 일상 속 사실을 여행길에서 알게 되었다.

아이스크림을 처음 만든 곳이라서 그럴까. 시칠리아는 아이스크림이 유독 맛있기로 유명한 곳이다. 물론 젤라토도 사랑받고 있지만 이곳에서만 맛볼 수 있는 그라니타가 더 사랑받고 있다. 그라니타는 슬러시와 비슷한 얼음과자다. 노토 광장에 위치한 시칠리아 카페(Caffé Sicilia)의 그라니타가 유명하다. 순식간에 먹어치운 아몬드와 레몬 맛 그라니타. 특히 아몬드그라니타는 잊을 수가 없다. 다시 줄을 설 엄두가 나지 않아 다음 도시에 가서 먹겠다고 별렀지만 노토의 그라니타를 따라갈 곳은 그 어디에도 없었다.

음식으로 도시를 기억한다는 말에 동의하는 편은 아니지만 노토의 아이스크림이 세계 최고라는 말만큼은 반대할 수 없을 것 같다.

caffèsicilia
Noto dal 1892

caffèsicilia
125

천재 수학자이자 시칠리아의 전쟁 영웅 아르키메데스의 고향
시라쿠사 Siracusa

고대 로마의 정치가이자 철학자인 키케로는 시라쿠사를 일컬어 '가장 위대하고 세계에서 가장 아름다운 도시'라고 했다. 파피루스지(紙)가 처음으로 만들어진 곳이며 아이작 뉴턴, 카를 프리드리히 가우스와 함께 역사상 3대 수학자로 꼽히는 아르키메데스의 고향인 시라쿠사는 도시 전체가 유네스코 세계 문화유산에 등재되어 있다.

시라쿠사는 기원전 8세기경 그리스가 이탈리아 땅에 맨 먼저 세운 도시로 약 500년간 그리스의 해외 식민지 중 가장 번성했던 곳이다. 고대 그리스의 황금기 동안 시칠리아는 위대한 그리스, 즉 '마그나 그라에키아'로 불렸는데 그 중심에 시라쿠사가 있었다. 시라쿠사는 전성기의 아테네나 스파르타와 견줄 만큼 위세를 떨친 도시였다. 인류 문명을 상징하는 건축물들이 도시 곳곳을 메우고 있다. 소크라테스의 제자이자 아리스토텔레스의 스승인 고대 그리스의 대표 철학자 플라톤도 이곳 시라쿠사를 찾았던 것으로 알려져 있다.

무엇보다 시칠리아에 와서 알게 된 새로운 사실은 아르키메데스의 대활약에 관한 것이었다.

일찍이 로마와 카르타고는 지중해 패권을 놓고 싸움을 벌였는데 그것이 그 유명한 포에니 전쟁이다. 전쟁은 시칠리아를 무대로 벌어졌다. 이때 시라쿠사는 카르타고의 편을 든 탓에 로마의 공격을 받게 된다. 로마는 바다와 육지 양쪽에서 시라쿠사를 공격했다. 이에 시라쿠사는 아르키메데스에게 신무기 개발을 의뢰했다. 아르키메데스

는 지렛대 원리를 응용하여 투석기 같은 다양한 무기를 제작했다. 그가 성능을 개선한 투석기는 사정거리가 200미터 이상으로 로마의 투석기보다 돌이 2배 이상 멀리 날아갔다. 사정거리도 마음대로 조절이 가능했으며 이동도 자유로웠다. 로마군이 신무기의 공세를 피해 성벽에 올랐어도 거대한 오목거울에 반사된 햇빛 때문에 눈이 부셔 바로 곤두박질치기 일쑤였다. 아르키메데스는 또 '다연발' 활을 만들었다. 사정거리가 다양한 여러 개의 화살을 동시에 쏠 수 있는 활이었다. 참호나 성안에서 이 활을 쏘면 많은 병사가 있는 것처럼 착각을 일으켜 로마군의 혼을 쏙 빼놓았다고 한다.

이에 로마는 '한 사람의 두뇌가 4개 군단과 맞먹을 수도 있다'며 시라쿠사의 아르키메데스를 칭송한다. 그러나 아르키메데스가 기하학 문제를 푸는 데 정신을 집중하고 있는 사이 갑자기 들이닥친 로마군의 칼에 살해당하고 시라쿠사는 로마에 의해 정복된다. 오늘날, 시라쿠사에서 낳고 자라 사망한 아르키메데스는 다양한 무기를 발명해 로마로부터 시라쿠사를 지키려 한 영웅으로 추앙받고 있다.

이제껏 나는 아르키메데스를 단순히 두뇌가 비상한 수학자라고만 알았는데 그는 시라쿠사에서 천재 그 이상, 나라를 지키고자 했던 영웅이었다. 아르키메데스의 이야기를 접하니 아르키메데스도, 시라쿠사도, 시칠리아도 그전과 완전히 다르게 보인다.

그 뒤 시라쿠사는 로마의 시칠리아섬 통치관의 주재지로 번영을 누리게 되어 도시 곳곳에 그리스 극장, 로마 원형 극장 등이 건설된다. 2,500년이 넘은 지금도 '테아트로 그레코(Teatro Greco)'에서는 실제 공연이 펼쳐지고 있다. 같은 문화적 가치를 담고 있는 유적지임에도 불구하고 그리스식 극장의 밝은 분위기와 다르게 로마식 원형 극장이 어딘지 모르게 외롭고 어둡게 느껴지는 건 왜일까. 나중에 안 사실인데 그리스인들은 죽음의 연기나 아리스토파네스의 희극에 만족했지만, 로마인들은 검투사 같은 오락 문화를 즐기며 실제 죽음과 피를 요구했다고 한다. 그 오랜 시간과 건축물 자체뿐만 아니라 그 안에서 일어났던 크고 작은 내적 기운이 남아 있는 탓에 들었던 개인적인 느낌이었을까. 목숨을 내놓고 혈투를 벌이는 검투사 경기에 환호하는, 인간 본연의 지극한 성질을 건드리고 이를 오락 문화로 만들어 즐겼던 로마 시대의 문화. 그 문화는 과연 고대인이 현대인보다 더 야만적이었기에 행해졌던 본성에서 나온 것이었을까. 이 드넓은 도시 한가운데 들어선 극장에 앉아 즐겼던 과거의 문화생활을 옳고 그름으로 말할 수 있을까. 겉만 보는 것이 아니라 그 안에 담긴 문화적 가치에 대해 질문을 던지는 것 자체가 여행을 통해 얻을 수 있는 진정한 성장일지도 모른다는 생각을 한다.

로마 원형 극장 근방에는 '디오니시오스의 귀'라는 별명이 붙은 동굴이 있다. 아주 작은 소리도 울려 퍼지는 공명 현상이 일어나는 동굴이다. 사람들은 너도나도 저마다 소리를 내고 그 소리가 울려 퍼지는 공명을 체험한다. 마치 〈스타워즈〉에나 나올 법한 기이한 모양의 고대 유적지에서 세계 각국의 언어가 울려 퍼지는 이 현상이 신기하다.

파피루스가 처음 시작된 곳 또한 시라쿠사다. 바다 건너 오르티지아섬으로 들어가 시라쿠사 대성당 광장과 인근 골목골목을 돌아다니다 보면 실제 파피루스에 그림을 그려 파는 곳이 많았다. 파피루스 줄기를 얇게 갈라 앞면은 가로로, 뒷면은 세로로 늘어놓고 전체를 세게 두들겨 건조시킨 파피루스 종이는 당시 왕가의 수출품으로서 중요한 역할을 했다. 가게 앞 매대에 걸린 그림을 보다 나도 모르게 이끌려 들어간 가게에서 동생과 난 주인 할머니가 직접 그린 작은 파피루스 그림을 사이좋게 하나씩 샀다. 석양이 붉게 물드는 오르티지아섬. 여행 막바지를 향하여 시간의 속도가 점점 더 빨라지고 있었다.

‘그랑블루’의 바다

타오르미나 Taormina

드디어 타오르미나다. 내가 시칠리아 여행 중 가장 기대했던 곳. 처음 나는 타오르미나에 오기 위해 시칠리아 여행을 계획했다. 탁 트인 자연 풍광과 아기자기한 골목이 매력적인 타오르미나는 괴테와 모파상이 사랑했던 곳이기도 하다.

고등학교 1학년 때, 영화평론부 활동을 하며 봤던 영화 중 〈그랑블루〉는 오래도록 기억에 머무른 영화였다. 그 영화의 촬영지가 시칠리아의 타오르미나였다는 건 여행을 준비하며 알게 된 새로운 사실이었다.

내가 서 있는 눈앞으로 펼쳐진 바로 그 〈그랑블루〉의 바다. 눈부시도록 파랗게 빛나는 이오니아해와 구름에 가려진 웅대한 에트나산이 한 폭의 아련한 그림 같다. 에트나산은 지중해 섬에 있는 산 중 가장 높은 산이자 2002년에도 대폭발을 일으켰던 활화산이다. 에트나산을 비롯해 아름다운 풍광을 선사하는 타오르미나는 시칠리아 중에도 특히 해안의 경치가 빼어나 고급 휴양지로도 유명한 도시다.

우리 느린 여행자는 어김없이 또 빠듯한 시간이 돼서야 타오르미나에 도착했다. 짐을 풀어놓을 새도 없이 해외 블로그에서 미리 찾아놓은 식당으로 곧장 달려갔다. 미식가의 탄생에는 정보화 시대가 분명 한몫한 듯하다. 이 드넓은 세상이 인터넷망으로 연결되지 않았을 때 맛집을 찾아다닌다는 것은 거의 불가능한 도전이 아니었을까. 지금은 너무나 많은 이들에게 여행의 소소한 즐거움이자 목적이 되는 '맛집 탐방'이 어쩌면 예전엔 사치에 불과했을지 모른다. 그때로부터 20년도 채 안 되는 짧은 시간, 인터넷 · 스마트폰의 시대는 여행의 질을 다르게 만들고 있다.

비밀리에 숨겨진 곳. 한참 동안 좁은 계단을 내려가야 만날 수 있는 곳이다. 프라이빗한 물가 끝자락에 알록달록한 배들이 정박해 있는 풍경이 마치 그림처럼 숨겨진 보석 같은 식당 'Trattoria Il Barcaiolo'. 거의 마지막 주문을 받는 시간인 2시 반쯤 도착했는데 다행히도 자리가 있었다. 에트나산의 이름을 딴 에트나 비앙코(Etna Bianco) 와인이 생꽃새우, 성게알파스타, 먹물해산물파스타 등 모든 요리의 풍미를 더한다.

시칠리아에는 짧은 두 파스타를 코일처럼 비튼 제멜리(gemelli) 면 요리가 많았는데 나는 그 쫄깃함에 완전 반해버렸다. 부가티니와 푸실리의 중간쯤 되는 파스타라는 표현이 맞을 법한, 많이 접해보지 못했던 이 제멜리 맛이 너무 매력적이어서 이 면으로 만든 파스타만 골라 먹었을 정도다. 특히 카타니아를 지나가다 들른 어느 한 식당에서 먹었던 제멜리 면 파스타 노르마(pasta alla norma)가 잊히지 않는다. 토마토소스, 가지, 리코타치즈, 바질이 들어간 노르마파스타는 시칠리아 카타니아의 전통 파스타로, 시칠리아 출신의 작곡가 빈센초 벨리니(Vincenzo Bellini)의 오페라 〈노르마〉에서 그 이름을 따왔다. 다른 면보다 얇고 짧으면서도 쫄깃한 제멜리 면이 맛의 아름다움을 더한다.

IL BARCAIOLO
IL BARCAIOLO
...dal 1981 Cucina e Tradizione Tipica Marinara
Tel.: +39 0942625633

파스타의 역사 또한 시칠리아에서 시작되었다고 할 수 있다. 기원전 70년경부터 시칠리아에서는 밀이 생산되었는데 이 밀로 라자냐를 만들기 시작한 것이 파스타의 시작이라고 볼 수 있다. 그 후 시칠리아를 아랍인들이 통치하게 된다. 중국과의 교류를 통해 면 요리에 대해 잘 알고 있었던 아랍인들은 시칠리아의 밀로 파스타를 만들어 먹으려고 했다. 그러나 그 시절 밀은 곰팡이와 해충에 굉장히 취약했다. 그래서 고안한 방법이 밀가루 반죽을 밀어 건파스타 형태로 만드는 것이었다. 그 후 아랍인들은 햇볕이 잘 들고 바람이 잘 부는 시칠리아에서 건파스타를 만들어 즐겨 먹기 시작했다. 이 건파스타는 시칠리아와 제노바를 넘나들던 무역상들에 의해 이탈리아 중부와 북부에 널리 퍼지게 된다. 이윽고 이탈리아 북부 끝자락까지 알려지게 되는데 북부에서는 파스타를 오래 보관할 이유가 없었다. 북부에서 먹을 건데 파스타를 굳이 말릴 필요가 없었던 것이다. 그래서 곡물가루에 물과 달걀을 넣어 만든 생파스타를 만들어낸다. 그것이 바로 우리가 흔히 먹는 생면 파스타다. 1860년대 이탈리아가 통일되면서 지역 간 교류가 더 활발해진다. 특히 19세기 말 이탈리아를 떠나 각국에 정착한 이민자로 인해 파스타는 전 세계적으로 알려지기 시작한다.

여행이 거의 막바지에 접어들었다. 꽤나 험난했던 시칠리아 여행을 되돌아보며 엄마와 파스타 면에 대한 얘기를 하고 있는 지금, 문득 알아차렸다. 걱정이 되게 많았던 것 같은데, 갑자기 다 사라졌다는 것을. 시원한 에트나 비앙코 와인 때문인가?

왜 이렇게 좋지? 참 단순하다.

행복했다. 엄마와 그간의 험난한 여정을 뚫고 여기까지 와 마주 앉아 이런 소소한 이야기를 나누고 있는 지금 이 순간이. 그리고 기뻐하는 엄마의 얼굴을 볼 수 있는 이 시간이.

타오르미나의 가장 대표적인 볼거리는 기원전 3세기경에 지은 그리스 극장(Teatro antico di Taormina)이다. 극장 돌계단에 엄마와 둘이 걸터앉았다. 엄마가 말한다.

"문화라는 게 참 신기해, 그렇지? 그 시대에도 문화생활을 위해 이렇게 아낌없이 투자했다는 게. 문화를 향유하기 위해 이런 엄청난 극장을 오로지 사람들 손으로 만들다니. 그 가치가 몇 세기에 거쳐 전해 내려와 지금 우리한테까지 전해지고 있고. 우리가 살아보지 못한 그 많은 시간을 직접 들여다보는 것 같은 착각을 들게 하고 말이야. 보존의 가치는 감히 돈으로 그 값을 매길 수 없는 것 같아."

문화유산의 보존이 그저 관광자원으로 경제적 효과를 누리기 위한 것만은 아니라는 걸 시칠리아 여행을 통해 알아간다. 구석기에서 청동기까지, 그리스에서 로마까지, 노르만에서 아랍까지, 그리고 스페인에서 프랑스에 이르기까지 모든 문명이 교차되고 융합되어 지중해 중심을 호령하는 섬 시칠리아. 유럽이면서도 유럽스럽지 않고, 이탈리아이면서도 이탈리아 이상의 그 무엇이 보이는 섬. 하나의 국가적 정체성뿐만 아니라, 그 장소를 오고 간 수많은 정체성을 보존하는 것. 문화유산을 지켜야 하는 데에는 무수히 많은 이유가 있고 그 의무는 우리 모두에게 있는 것이다.

레몬, 피스타치오, 소금, 올리브유, 각종 파스타 면 등 욕심나는 온갖 식자재를 팔고, 시칠리아의 상징인 삼족 인물 도자기가 걸린 타오르미나의 거리를 걷는다. 왜 삼족 인물이 시칠리아의 상징일까? 궁금해 물어보니 시칠리아섬이 삼각형으로 생겼기 때문에 생겨난 마스코트 같은 거라며 그에 관한 이야기를 쉴 새 없이 늘어놓는 가게 주인 아저씨. 시칠리아의 길고도 특이한 역사 때문인지 모르겠지만 어딘지 모르게 사람들에게 단단함이 느껴진다. 기념품 가게 주인조차 얄팍한 상술보다 시칠리아의 오랜 이야기를 하나라도 더 알려주고 싶어 하는 대단한 자부심이 묻어난다.

이튿날 차에 올라 타오르미나를 떠나며 좁은 골목을 나서는데 한 가게에서 아줌마가 뛰어나와 우리를 향해 반갑게 손을 흔든다. 어제 이 거리를 다니면서 들렀던 한 가게의 주인이다. 차에 탄 우리 얼굴을 어떻게 알아봤지? 동양인이 워낙 없다 보니 바로 알아봤나? 사기꾼도 만나보고 불쾌한 태도들에 화도 났지만 결과적으로 그보다 좋은 사람이 훨씬 더 많았다. 아름다운 시칠리아는 감동 그 자체였다.

고민도 걱정도 많았는데……. 지금은 다 잊었다.
아마도 시칠리아 여행은 나를 붙잡기 위한 여행이 아니었을까.

0-24

S 11154

지중해의 보석
몰타 Malta

1년에 이틀간 열리는 엠디나 축제가 우리가 몰타에 머무르는 동안 열리다니. 행운도 이런 행운이 없다. 더구나 축제가 열리는 줄도 모르고 모든 예약을 다 완료한 상태에서 이 사실을 알게 되었으니, 그야말로 '서프라이즈'였다.

몰타는 시칠리아섬에서 남쪽으로 약 두 시간 정도 떨어진 지중해 한가운데에 있는 섬나라다. '언덕의 섬', '아주르 윈도우 섬', '칼립소의 섬' 등 다양한 별칭을 갖고 있다. 정말 독특한 분위기로 인해 〈글래디에이터〉, 〈뽀빠이〉, 〈몽테크리스토 백작〉, 〈트로이〉, 〈다빈치 코드〉 등 수많은 영화의 촬영지가 되기도 했다. 몰타의 수도는 발레타(Valletta)다. '지중해의 보석' 발레타는 2018년 유럽의 문화 수도로 선정되어 더욱 바빠졌다.

몰타 관련 정보가 부족해 정말 아무 준비 없이 갔다가 낭패를 볼 뻔했던 곳. 그런데 그곳을 떠나온 지 며칠이 채 지나지 않아 그곳이 그리울 거란 걸 알았다. 왜 그럴까? 특별하지 않을 것 같은 몰타의 일상에서 행복한 사람들을 많이 봤기 때문이다. 특별함이 없없던 것이 더 특별했던 몰타.

거리엔 마부가 끄는 마차가 지나다닌다. 돌다리를 지나 큰 아치문에 들어서니 중세 시대가 흐른다.

사실, 그다지 기대하진 않았다. 중세 축제라는 게 상상도 잘 가지 않았을뿐더러 이 작은 섬나라에서 축제라고 해봤자 얼마나 대단하

랴 싶었던 것이다. 우리나라에도 지방 곳곳에 축제가 열리는데, 그 정도 규모이지 않을까. 하지만 예상은 완전히 빗나갔다. 엠디나 축제에는 모든 몰타인의 정성과 성의가 농축되어 있었다. 중세 시대의 먹거리부터 의상, 요리, 음악, 심지어 칼싸움으로 마무리되는 폐막식까지. 당시 전쟁을 연상시키는 칼싸움이 실제로 벌어졌다. 중세 시대의 모든 것을 완벽하게 재현한 '중세' 페스티벌에서 그 어떤 것도 가짜는 없었다. 페스티벌을 준비하는 사람도, 참여하는 사람도, 그리고 타지에서 온 관객도 모두 페스티벌을 진정 최대한 즐기고 있었다.

1박 2일 동안의 페스티벌이 마지막을 향해갈 즈음, 대성당 앞 광장으로 세계 각지에서 온 사람들이 삼삼오오 모여든다. 중세의 악기를 연주하는 악사들의 폐막을 알리는 하이라이트 연주가 시작되자 가만히 서서 보고 있던 관객들이 하나둘 자신들도 모르게 몸을 들썩이며 춤을 추기 시작한다. 아빠에게 딱 붙어 팔짱을 끼고 있던 대여섯 살짜리 주황 머리 백인 꼬마 아가씨도 무심한 척 무대를 향해 발걸음을 내딛더니 리듬을 타기 시작한다. 뒤를 돌아보니 흑인 여자아이와 백인 남자도 손을 맞잡고 광장 한가운데에서 캉캉 춤을 추고 있다. 그러고 보니 사랑하는 나의 엄마 표정도 그 어느 때보다 환하게 밝아 보인다.

이토록 푸른 하늘 아래, 이곳의 지금, 모두가 행복하다.

서로에 대해 그 어떤 편견도, 평가도, 판단도 하지 않는다. 우리 모두의 인생이 항상 이렇다면 얼마나 좋을까. 이래야 하는 건데. 다툼도, 증오도, 거짓도, 편견도 없이 모두가 함께 이 단순함 안에서 행복

3

GILDER
Triq
DONI

을 느끼는 모습이 무척 감동스럽다. 세상에 완벽한 사람이 어디 있을까. 타인을 손가락질하고 자기 멋대로 판단할 자격이 누구에게 있단 말인가.

'맞아. 그저 사랑하고, 칭찬하고, 존중하고, 진실하기에도 우리에게 주어진 시간은 너무나 부족한데.'

나는 몰타의 엠디나 중세 페스티벌 한가운데에 서서 문득, 우리 주위에서 늘 일어나는 피로한 일들, 타인을 탓하고 타인과 경쟁하며 끌어내고 뭔가 얻으려는 일보다 살면서 지켜가야 할 행복의 가치가 훨씬 더 많다는 걸 되새기고 있었다. 이 단순한 상황에 더없이 행복한 얼굴들을 둘러보며 내가 살고 있는 도심 속 현대 사회와 다르게 이 작은 나라 몰타에서는 사랑하고 칭찬하고 존중하는 삶들이 훼손되지 않고 살아 숨 쉬고 있다는 걸 알게 되었다. 그렇기에 서로가 서로를 바라보며 이런 표정을 하고 있을 수밖에 없는 것일지도 모른다.

이상하게 몰타에서의 시간은 느린 듯 빠르게, 빠른 듯 느리게 움직이는 것 같았다. 왠지 모르게 같은 시간이 다르게 흐르고 있는 것처럼 느껴졌다.

그리고 알았다.

'아, 이게 바로 엄마가 평소 말하던 여행을 하면 인생을 더 길게 사는 느낌이라는 거구나.'

긴 여행을 끝내고 돌아오는 길. 너무 빨리 지나간, 꿈만 같았던 시간이 아쉽지만 참 아이러니하게도 편안함과 안락함을 느낀다. 도대체 이런 느낌은 뭐지?

그건 여유가 주는 편안함도, 몸이 편해서 오는 편안함도 아니었다.

믿음이 주는 안락함, 신뢰가 주는 안락함이었다.

내가 마음 놓고 믿을 수 있는 곳, 내가 마음 놓고 믿을 수 있는 사람들. 나의 집, 나의 가족, 나의 사람들.

그제야 나는 낯선 곳으로 떠나는 순간부터 줄곧 놓지 못하던 긴장의 끈을 놓는다.

여행을 하면서 느낀다. 영원히 방랑자로 살지 않고 돌아갈 곳이 있다는 게, 그리워할 곳이 있다는 게 얼마나 감사하고 행복한 일인지. 그리운 나의 집. 돌아가는 길도 여행의 중요한 부분이라는 걸 깨닫는다. 어쩌면 언제나 돌아갈 곳이 있다는 믿음 때문에 여행에서의 모든 경험이 아름다운 추억으로 남을 수 있는 게 아닐까.

여행은 잠들었던 모든 감각을 깨우고 짧은 기간에 인생의 희로애락을 경험할 수 있게 해준다. 낯선 곳에서 완벽한 이방인인 나는 사소한 불친절에 당황하기도 하고, 우여곡절을 겪으며 당연하게 여겼던 것들에 감사하기도 한다. 여행이 주는 의미는 금은보화를 준다 해도 살 수 없다.

We travel not to escape life, but for life not to escape us.

예전에 어디선가 본 글귀다. 내가 참 좋아하는 말이다. '우리는 삶에서 도망치기 위해 여행하는 게 아니라 삶이 우리에게서 도망가는 걸 막기 위해 여행한다.' 여행은 탈출하기 위한 것이 아니라 나를 되찾기 위한, 나를 붙들기 위한 과정이다. 적어도 나에겐 그렇다.

우리가 어른이 되어가는 과정에서 마주치는 수많은 순간들. 때로는 성공을, 때로는 좌절을. 내가 배워오고 믿어왔던 상식적인 것보다 비상식적인 것이 더 많다는 걸 느낄 때. 존중과 이해보다는 경쟁과 편견이 더 치열한 현실에 지칠 때. 희망차고 당찼던 내 자신이 어느 순간 너무도 작아지는 순간에 맞닥뜨릴 때. 원래의 나를 다시 소환하기 위한 방법이 여행이었다.

때때로 시간을 리셋하고 싶은 순간이 찾아올 때, 매일 타인의 평가를 받아야 하는 삶에서 벗어나 나 자신을 북돋우고 응원할 시간을 얻고 싶을 때. 여행은 일상에서 멀리, 물리적인 공간의 이동을 통해 마법처럼 그런 시간을 허락해주었다. 그리고 비로소 자유로워졌다. 아무도 해결해줄 수 없는 것들을 여행길에서는 스스로 해결할 수 있었다. 일상에서 만날 수 없는 수많은 사람들의 다양한 삶과 숱한 세월을 거슬러 내려온 문명을 마주하며 지금 이 순간의 의미를 깨닫는 것. 내 인생을 주도하고 평가할 수 있는 것은 그 누구도 아닌 내 자신이라는 걸 알고 당당해질 수 있는 것. 그리고 고민과 응어리가 한없이 작은 것에 불과했다는 것을 수긍할 때 비로소 나는 다시 본연의 내 모습을 되찾는다.

여행에서는 긴장할지언정 진정 자유롭다. 일상에서 쌓인 마음의 짐을 잠시 내려놓고 낯선 사람들과 새로운 세상을 접하며 때로 우리가 잊고 살았던 것들을 되찾는다. 무작정 앞만 보며 달려가던 경쟁과 편견이라는 좁은 틀에서 벗어나 비록 쉬어 갈지라도 잠시 주위를 둘러보며 삶을 다시 존중과 감동으로 채우게 해주는 것, 따뜻한 마음과 행복을 되찾게 해주는 것. 그것이 바로 여행이다.

걱정이 참 많았는데 다 사라졌다.

여행은 준비할 때 설레고, 여행지를 보며 감격한다. 그러나 나는 일상으로 돌아와 생각날 때, 여행이 주는 여운이 가장 좋다.

엄마와의 여행이 더 특별한 건 아마도 '엄마'라는 사람이 주는 특별함 때문일 것이다. 이 세상에서 유일하게 진심을 다해 200퍼센트 나를 믿어주고 응원해주는 사람.

인생에 있어 순간의 소중함을 깨닫고도 여전히 꺼내지 못한 말, 불현듯 더 늦기 전에 말하고 싶다. 엄마의 딸로 태어나 아주 행복하다고. 내게 온 마음을 다해 사랑하는 법을 가르쳐줘서 감사하다고. 다음 생에도, 그다음 생에도 엄마와 함께하겠다고. 그리고 언젠간 나도 꼭 엄마 같은 엄마가 되겠노라고.

내가 훗날 엄마의 나이가 되어 지금의 엄마를 떠올리게 되었을 때, 후회가 아닌 이해와 행복이 남아 있기를.

우리는 모두 여행 중인, 이번 생에 만난 소중한 사람들. 가장 사랑하고도 그리울 사람들에게 더 늦기 전에 따뜻한 말 한마디 건넬 수 있는 용기를 여행이 주었기를, 인생에 더없이 값진 추억을 남길 수 있는 계기가 되었기를. 그리고 언제나 묵묵히 그곳에 있는 소중한 사람들의 마음을 들여다볼 수 있게 되었기를 바란다.

무엇보다 갑자기 다가왔다 예고 없이 멀어지는 수많은 시간들을 우리 모두 값지게 보낼 수 있기를…….